だから教師はおもしろい

子どもたちの未来を育て、一緒に成長する唯一無二の職業

宮﨑 稔
MIYAZAKI MINORU

幻冬舎MC

だから教師はおもしろい
～子どもたちの未来を育て、
一緒に成長する唯一無二の職業～

はじめに
「教師は努力が報われる仕事」

「エッ、うそでしょ！」

　と思いました。教師を志望する人の数が激減しているというニュースを耳にしたからです。ほんの10年ぐらい前までは希望者が多く、教員採用試験に合格するのは狭き門だったはずなのに聞けば、授業や子どもたちとの触れ合い以外の書類提出や保護者との対応などで心を病んで辞めていく教師も少なくないとか。「先生は大変だ」「先生は忙しい」「雑務が多い」と言われます。その通りかもしれません。そういう情報が大きくなっているせいか、教師の希望者が減少しているという悲しい現実が起こっているようです。教師を希望した多くの人は、勉強が分かっていくというプロセスの中から子どもたちとの関係や子ども同士の良い関係づくりを通して楽しい学校生活を送れるようにしたいと思っていたことでしょう。それなのに、子どもとの関わり以外のことが理由で教師になることを断念するようになるとは残念なことです。

　確かに、教育本来の教えるという仕事以外の事務（雑務と

言われています）が多くなかなか子どもと接する時間が取れないという現実があります。また、いわゆるモンスターペアレントと言われる保護者からの強い要望が寄せられて対応に苦慮していることなどが報道されていますから、先行きを心配してしまうことがあるかもしれません。

　でも教師は楽しい職業です。何年経ってもはっきりと浮かんでくる思い出がいくつもあります。とくに授業を通した学級経営面ではそれが顕著です。なぜなら授業に入ってしまえばこっちのもの。教師は工夫次第でどのようにでも自由に指導できるからです。私はそこに教師のおもしろさ・醍醐味を感じて実践することができました。また教師のおもしろさは努力が成果になって表れることが多く、努力しただけのことはあると実感することが非常に多いからです。それがやり甲斐となって『だったらこうしたらどうだろう』とアイデアが浮かんでますますやりたくなるのです。良いことが良いことを生み出すという好循環が期待できる職業なのです。

　シャッター商店街があります。店主は何か悪い事をしたからお客が来ないというわけではありません。みな努力をしていますが多くは社会的要因で人が少なくなっているのが原因のようです。また天候不順で農作物が不作になったと嘆く農家の人がいます。ほとんどは自分の責任ではないのです。で

も教師は努力しただけ報われる仕事と言って良いと思います。このような職業が他にあるでしょうか。ほとんどないと言っても言い過ぎではないと思います。

　今、教え子も50歳を越えたのによくクラス会をします。酒が入って話が滑らかになると、必ず楽しかった小学生時代のことが話題を占めます。よく覚えているものだと感心しますが、彼（彼女）らは親になり、自分の子どもの学校生活を寂しそうに話すことがあります。そうして「今の子はかわいそうだ。俺たちは良かった」と話を続けます。30年以上たっても語れるような授業の様子を教師と教え子とで共有できるということはすごくステキだと思いませんか。教師にはそれができるのです。

　立派な先生はたくさんいます。私の周りにも数えられないほどいます。でも個人の教育実践が出版のような形で公表されることはあまりありません。きれいごとだけではないのが教育です。私もたくさんの失敗をしてきました。全部の生徒にとって良かったことばかりではないでしょう。だから教員の良識として公表できなくなるのです。また、いざ出版となるとどうしても成功事例に偏りがちです。子どもの声を取り上げたとしても教師の都合の良い生徒の目線からのものになりがちでしょう。だからと言って生徒全員に「そのときはど

うだったか」と聞いて回るわけにもいかないので教師側だけの視点にならざるを得ません。そう考えるとなかなか公表ができにくくなるのです。そういうことを承知のうえで『教師は努力が報われる仕事であり』『楽しく』『やり甲斐がある』ので夢をあきらめないで挑戦してほしいと思い、ここに出版することにしました。

目次

はじめに「教師は努力が報われる仕事」 ... 2

第一章　高学年の子たちと〜分数から命の授業まで〜

1. 新学期のあいさつは「人に迷惑をかけよう」 ... 9
column 自分の子ども時代を反面教師に ... 17

2. 分かったら廊下に出る？ できる子にも個別指導 ... 19
column 40人以上の学級で創意工夫 ... 27

3. 逆数とは？ 友だちとは？「深く理解したい子どもたち」 ... 28
column 教師の役割は、伸びたがっている子どもに手を添えること ... 44

4. 男女一緒に『いのち』の授業〜子宮ってなあに？〜 ... 45
column 知識と認識 ... 69

5. ナワトビは進級表を全部クリアー ... 70
column やっていないだけで
『苦手』と自分を決めつけてしまうことは危険 ... 79

6. セカンドスクールはマラソンで行ったり、
　　別々のコースを行ったりして ... 80
column 事前計画と責任のとり方 ... 89

7. 「オペレッタ」を2度実施 ... 91
column 自己評価できることと発表の場 ... 97

8.「卒業式をボイコットしよう」 ……………………… 98
   column 教師の当たりはずれと指導力 ……………………… 107

第二章　高学年以外での実践

1.【1年生担任】国語の授業は掃除の時間 ……………………… 110
   column 能力のない教師は忙しい ……………………… 121
2.【2年生担任】屋上にプールを作っちゃった ……………………… 123
   column 後輩を育てる ……………………… 134
3.【4年生担任】学級対抗は
　　どの学級でも優勝できる、遅い子でも勝てるように ……………………… 135
   column 差別と紙一重 ……………………… 142

第三章　ちょっとしたアイデア・ちょっとした実践

1.【1年生担任】連絡帳は保護者との交換日記 ……………………… 145
2.【6年生担任】授業参観で保護者が逃げ出した
　　「ものの燃え方」での自由活動 ……………………… 150
3.【6年生担任】"子どもに学ぶ"ということ
　　～日記の指導から～ ……………………… 155
4.【1年生担任】入学間もない頃の
　　日記でのやりとりから文集へ ……………………… 161

第四章　担任以外の学級でどう関わるか

1. 『失敗した子?』をどう褒めるか　本当に悪い子なの? 172

2. 一人ひとりを見る教育は『なぞり』で 180

3. 虐待する親が泣いた
　〜交換日記をする教師の努力を支援〜 188

column 掃除の時間は担任外の出番 199

第五章　私が目指した教師像

1. 新卒時代の苦しみから抜け出すことができた先輩の指導 202

2. 転勤先で知った私を変えた教育について 207

3. これから教師を目指す人・現在教師をしている人に 210

おわりに 214

第一章
高学年の子たちと
~分数から命の授業まで~

1. 新学期のあいさつは「人に迷惑をかけよう」

　素直でおりこうさん、と言われる子が増えてきていました。全ての子がそうなっていると言っても過言でないほどです。しかし子どもらしい心は眠っているだけであって失われているわけではないと信じていました。これまで大人の常識をそのまま押し付けられてきたことが多かった子どもたちには荒療治が必要と感じ、子どものもつ子どもらしさの復権を願って出会いからインパクトのある行動をとりました。

第一章　高学年の子たちと〜分数から命の授業まで〜

① 既成の概念にとらわれている子どもたち

「皆さんの担任になった宮﨑です。これからの一年間を一緒に良いクラスにしていきましょう」

　新年度が始まって新しい教室で新しい先生と向かい合った緊張気味の子どもたちの前で、私は元気の良い挨拶をすることにしています。それは『新しい学年になったらこういうことにチャレンジしたい』『こういうことを直そう』と子どもなりに意気込み、期待して迎えた新学期の始まりをフレッシュに応えてあげるべきだと考えているからです。『今年は何かが違うぞ、この先生と一緒だったら何かが変われそうだ』という子どもの思いは顔にも表れて伝わってきます。その思いに食い込んだスタートを切ることが学級経営の第一歩だと思います。

　しかしその気持ちを逆手に取ったような扱いで、インパクトがいっそう強いスタートを切った6年生担任の年がありました。若い男の先生のフレッシュな挨拶に子どもたちの目も輝いて見えます。私は挨拶を続けました。

「先生は、一年間をこういうクラスでやっていきたいんだなあ」

　と言いつつ後ろを向いて、黒板にゆっくりと『人』と書きました。そうして児童の方に振り向くと黙ってゆっくりと顔

を見回し、何も言わずに『に』と書きさらにゆっくりと『め』『い』『わ』『く』『を』『か』『け』と、一文字を書いては子どもの方に振り返りながら書き足していきました。子どもたちの顔はだんだん曇っていくように見えました。その顔は『なあんだ、この先生も他の先生と同じように、人に迷惑をかけないようにしましょうというのか。期待してソンしちゃった』とでも言いたげです。

　私は『け』の下に〇〇と二つの〇を書くと、一番前に座っているおとなしそうな子を突然指名しました。そうして、
「黒板のこの〇〇の中には何と書いたらいいかな」
　と尋ねました。そんなことは分かりきっています。
「『ない』です」
「そうか、『人にめいわくをかけない』だね。キミはどうかな」
　と、今度は一番後ろの背の高い男の子を指しました。
「同じです」
「ほう、同じかあ。違うという人は手を挙げて!」
　誰も手を挙げません。
「いないなあ。みんな同じで『ない』でいいんですね」
「いいに決まっているじゃないか」と思いつつも、子どもたちは何か落ち着かない気持ちになり始めました。その頃を見計らったように、

第一章　高学年の子たちと〜分数から命の授業まで〜

「えらい！　キミたちは先生よりずっとえらい」

と突然、大きな声で言いました。子どもたちは何のことか分かりません。

「君たちは、人に迷惑をかけないで一年間を過ごしていけるんだな。えらいなあ。先生には無理だ」

② ウソを言うな。本音はどうなんだ

「えっ、そういうことだったの」と心が騒ぎ出す子どもたちをよそに、

「キミも迷惑をかけないんだね。しかも一年間ずっと。えらいなあ」

とさらに別の子どもを指さします。子どもたちは、皆困ってしまいました。できるわけがありません。いつも「人に迷惑をかけないように！」と言われているので、つい深く考えないでそう言っただけなのです。一年の始まりの日がとんだことになりそうです。すかさず私は、

「先生はね、できもしないことを一年間の約束にしたり、言ったりしたくないんだよ。キミ、本当に一年間ずっと人に迷惑をかけないで過ごせるかい？」

と追い討ちをかけました。子どもたちはもう声になりません。ただ首を振るだけです。じっと先生の次の言葉を待って

います。
「先生だったら、この下にはこう書くなあ」
　子どもの顔が釘付けになっているのが分かります。私は、ゆっくりと
「よ」「う」
　と書きました。たぶん子どもたちのほとんどが、「えっ"人に迷惑をかけよう"だって？　そんなこと聞いたことないぞ」と思ったことでしょう。
　だから私は続けました。
「これから一年間を一緒に過ごす仲間じゃないか。迷惑をかけまいと気にして心を小さくするのではなく、多少のことなら迷惑だと思っても許してあげられる関係にならないかい。そういう一年間の仲間同士になりたいと思うのだけれど、どうかな?」
　と言って、
「キミ、どうかな」
　とまた違う子を指しました。子どもも今度は真剣です。慎重に考えています。でも、何だか快感が湧きあがってきているようです。
「賛成です」
「迷惑をかけても許し合える仲間の方がいいと思います」

第一章　高学年の子たちと〜分数から命の授業まで〜

　同じような答えが続きました。すると、また私は、
「本当にいいのかい?」
　と念を押したのです。意地悪かも知れませんが、もうこっちのペースです。
「近くの人と少しの時間、相談してごらん」
　と言うと、子どもたちは異様な緊張感が解きほぐされたのか、それでいて迂闊なことは答えられないぞという真剣味のある相談を始めました。頃合いをみて私は、
「やめ、もういいだろ。どうだい?」
　と聞いて、子どもを指します。
「仲間なのだから迷惑をかけあうというのはいいと思います」
「できるはずのないことではクラスのめあてになりません」
「でも、どんな迷惑でもいいのかということを考えなくてはいけないと思います」
「わざと迷惑をかけてもいいという意味ではないと思うのですけど、うまく言えません」
　と真剣に答えました。私は、再び、
「えらい。本当にえらい。キミたちは本気でこの学級をどうしようか、この一年をどう過ごそうかと考えたからだ」
　と言いました。1日目は、とりあえずここで終わりにしま

した。

③ 本音で考える学級、本当の仲間作りをしよう
　２日目は、昨日の「どんな迷惑でもいいのかということを考えなくてはいけないと思います」という言葉を取り上げました。つまり迷惑の質について考え合ったのです。でも迷惑をかけてもよいのはどんなことかなど考えたこともない子どもたちです。なかなかまとまりません。考えのきっかけとしては具体的なことになります。
「例えば、勉強しているときに『教えて』と言われたら迷惑じゃん。でも教えた人が分かってくれたらうれしいじゃん。そして何かの時に『あの時はありがとう』って助けてもらえればもっと仲良くなるかもしれないじゃんか」
　というような声も聞こえてきます。「でもこういう場合はどうなんですか」という細部の例外的なことが出てきて一層ややこしくなることもあります。結局、
• 迷惑と感じるかどうかは本人次第。だから、周りから見たら迷惑と思えることであっても、かけられた本人が許せると思うなら周囲はとやかく言うことではない
• 本人同士の見解の相違で、言い分が食い違ったときはクラスのみんなで話し合うようにする

ということだけが決まり、この問題は決着しました。

④ なぜ、こういう取り組みでスタートしたのか
　私がこの学級で考えてもらいたかったことは、
- 素直と従順は違うのだ。既成の考えに従順であるのがよいのではなく、せめて「待てよ?」と自分の気持ちに素直になりそれが言える子になって欲しい。そういう子を育てたいということ
- それに伴って"本当にそれでいいのか"という場面が出てくるので、その場合も少数意見を大事にする民主的な子どもになって欲しいこと
- そういう仲間作りをしていきたいこと

であり、それを強く主張し実践したのです。

　このスタートにあたり、子どもたちと共通の土俵の上で考え合えたことが良かったと思います。子どもは変わりたがっているんだと実感しました。もちろん、人に迷惑をかけるよりかけない方がいいでしょう。しかし『言葉は哲学』です。そこにどんなメッセージが込められており、それに対して実感を持って共有できるかどうかは教育の根幹です。そういう意味では子どもたちが共感して「そうしよう」と言うようになっていったので、ひとまず安心して学級での生活をスター

トすることができました。

　学校生活は、学級を中心とする集団での学びが大半です。教師はその中心にいます。それだけにどのような学級にするかは重要になります。しかし学級は閉鎖的な集団です。したがって教師に任されることが多いので力量が試されるのですが、教師には自由度が高いのでやり甲斐があります。

column

自分の子ども時代を反面教師に

　私は小学校2年の3学期から中学2年の3学期までの丸6年間、人前で話のできない子でした。友だちや家族と喋る時は何でもないのですが、順番が来て一人だけで話すようなちょっとした場面でも話ができないという毎日でした。

　きっかけは学芸会の劇でやった、5つのセリフがあるフクロウのお巡りさんの役でした。張り切って上手に演じようとしたのですが、そこで失敗してしまったのです。落ち込みました。その後、それがトラウマになって授業でも失敗するのではないかと思うようになり、手を挙げ

第一章　高学年の子たちと〜分数から命の授業まで〜

て発表することもできなくなりました。初めのうちは指名してくれていた先生も指してくれることがなくなりました。そういう生活が続くうちに、人前で話せないことにだんだん平気になってきました。「どうせオレはしゃべれないのだから」と、やらないことが当たり前になり何とも思わなくなったのです。しかし今になって考えると、ずっとつらかったことには変わりなかったのに、それを逃れるために平気なふりをして自分の心を安定させていたのではないかと思っています。

　そんな学校生活が6年続いた中学2年の3学期に担任のS先生はなんと「卒業式の在校生代表として送辞をしなさい」と私を指名したのです。担任としてどんな思いで指名したのかは教員になってから見当がつきましたがその時は分かりません。もちろん私は断り安心して帰宅したのですが、なんとS先生は家まで来て両親を説得したのでした。でも6年間の私の様子を知っていた両親は『不憫だから』と断ってくれていました。

　ところがそこへ東京の会社へ勤めていた10歳上の姉が帰宅しました。姉は話を聞くと、
「稔、いつまで逃げ回っているんだ。大人になれば人前で話をしなければならないときが絶対来る。その時のた

めにも、ここで引き受けなさい」

　と強く言い「先生、引き受けます」とまで言ったのでした。その後の詳細は省きますが、私は大役を果たすことができました。そしてほかの場面でも話ができるようになり、ときには「おしゃべり」と言われるほど私の人生は変わっていきました。

　小学校の教師になってから、自分が小学校時代の大半をつまらないままに過ごしたことを思い返し"学校は楽しいところでなくてはならない。そのための努力をしよう"と心に誓いました。また話ができなかったことについても、学級の中にはさまざまな理由でやる前から「できない」と言う子がいることもあるだろうから、できないことに安住させておくのではなくいろいろな方法を駆使して『できるように粘り強く指導する』ために子どもの心に寄り添った教師になろうと思ったのでした。

2. 分かったら廊下に出る？　できる子にも個別指導

　算数の授業ではユニークな方法をとりました。個別指導についていつも疑問に感じていたことを何とか解決し

たくてとった方法です。とかく個別指導というと、少し理解が遅れている子に特別な配慮をして何とか他の子に追いついていけるようにするという意識がまだ教育界の主流でした。そのために教師はいわゆる遅れている子にかかりっきりになることが多く、また早くできてしまう子などはまだ問題が解けていない子の指導に当たらせて、それを称して「役割を与えたから個別に配慮をしていました」とうそぶいていたりする研究会をよく目にしていたのです。確かに他の子を指導することによって多少は分かり方が定着するかもしれませんが、その子が持っている以上のことをさらに伸ばしてあげているわけではないと思っていました。『どの子も伸びる権利がある』にもかかわらず、他の子と同じレベルのことをすればそれでよしとする風潮に対し"できる子はできる子なりにさらに伸びる時間にする"という考えのもとにできる子同士も競い合わせたのです。

①できたら廊下に出て、さらに考えを深める

　授業ではたいていの場合、私から最初に問題を提示します。すると子どもたちは考えてノートにその回答を書きます。ここまではどこの学校でもおこなっている普通の授業です。で

もここからが違います。ノートに答えが書けた子はその場に立ちます。1番にできた子は2番の子が立つのを待ちます。2番が立つと2人は廊下へ出ていって答え合わせをするのです。そうして合っていたら今度は同じ問題なのに別の解き方で解決方法を考えるのです。それもできたらさらに3つ目の方法、4つ目の方法……と進みます。こうして二人で視点を変えた方法でチェックしあうとミスも減ってくるのが分かります。また、子どもの中には発想が豊かな子がいます。いや子ども時代はどの子も発想が豊かなのです。その二人が『別の視点から考える』という習慣ができてくるので本当に力がついてきます。

　教室の中に話を戻しますと、3番目に立った子と4番の子、5番と6番とペアがどんどんできていきます。そうこうするうちに、教室の中は算数が苦手な数名だけになっていきます。こうなると私は本当に苦手な子だけに集中して個別指導ができます。いわゆる上位グループはここまでは放っておいても自分たちでどんどん進んでいけます。

　今では子どもの数も減って教室に余裕もあり廊下で話し合わなくても大丈夫な学校も多いと思いますが、子どもの数が多いマンモス校では空いているスペースは廊下しかありませんでした。寒い冬でもストーブの効いてない廊下で夢中で問

題を解いている子どもの姿は見ていても圧巻でした。

② 教室に戻って全体で勉強が開始される

　ある程度の時間が経ち、また教室にいる子も理解できた頃に、「さあ、教室へ入って」と呼びかけます。そうすると発表です。
「はい、発表してください」との声で一斉に手が挙がります。すると早く廊下へ出た子たちは、「あ〜あ、こんなにいるのか」と、がっかりすることが少なくありません。なぜなら遅く廊下へ出たグループから指名されることになっているからです。

　もう少し詳しく説明します。廊下から教室へ戻ってくるときには、一番早く立ったグループは一番後ろに座り次のグループはその前というように座る席が決まっています。発表の時間に複数グループが手を挙げた場合は、遅く教室を出た子から指されるという指名制度にしていました。教室で私に個別指導を受けた子が手を挙げていたらその子が一番です。

　そのため1番のペアはなかなか発表の順番が回ってきません。やっと順番が来たというときには全ての解き方を発表されてしまっていることがよくあります。ですから発表をするためにはさまざまな方法を考えておかなければならないので

す。よく"できてしまった子はただ遅い子を待つだけ"で退屈しているという授業を見ることがありますが、私はどの子も頭を休める暇がないようにしたのです。

③ 発表内容でボーナスがつく

　しかも、発表には内容によって『ボーナス点』がつくのです。良い発表内容だと、「分かりやすい」「例がいいし、聞きやすい」などのボーナスを子どもがつけて発表の点数をあげます。だから子どもは発表の仕方も聞き方も工夫し、相互評価の視点も高まっていきます。ボーナスをつける（査定する）のは子どもですから、他の児童の話をしっかり聞いていないと査定ができません。しかも査定の意見を言った子には、さらに私が評価して『査定の観点からボーナスがつく』のです。例えば「今の発表については、〇年生のときの●●のことと結びつけたことを褒めましたね。Aくんもそれをよく覚えていて褒めたので勉強の仕方が良い。だからAくんにも先生からボーナスです」というようにおこないます。

④ どの子も伸びる権利がある

　このような授業ですから、ときには決められた算数の時間だけでは終わらずに次の時間にずれ込むこともありました。

でも考えを発表できることは子どもにとっても快感らしく、
「次の時間も算数を続けます」
　という指示にも嫌がらず、
「やったあ〜」
　と言ってもらえることが多かったのはこの勉強法が子どもにもあっていたのでしょう。体育や理科の実験、図工などの時は次の時間まで続けられないことが多かったのですが、時間割通りにしなくても済むというのは小学校の学級担任だからこそできたことなのだろうと思います。
「これでは授業が進まないのではないか」という質問もよく受けました。でもよく考えよく聞くという学習の姿が連続していますので、放課後に残して練習問題をしたり無理にドリルの宿題を出したりしないでも授業時間だけで分かってしまう子が多く授業の遅れはほとんどありませんでした。
　"どの子も伸びる権利がある"ということを実行に移すための方法としてこれが最善とは思いませんが、授業時間にどの子もが自分の力を発揮し尽くしている姿を見て、少しは実践できたのではないかと思っています。

⑤ 100点満点のテストで、245点を獲った子がいる
　こういう勉強はテストも同様でした。普通は、問題に対

して式の考え方と答えが合っていれば○になり全部できれば100点です。でも考え方はいくつもあるわけですから、それらをテストでも書くことができます。例えば配点が5点だとすると、式があり、線分図があり、他の考え方があれば15点になります。答えも、水の量であれば、単位はdLがあり、gがあり、㎤があり、ccまでありますので、満点は5点のはずなのに20点の得点になります。

　学校では「単元」という考えのもとに、この学年のこの単元ではこういうことを学ぶというように教育計画を作っています。例えば前述のdLと㎤の関係はその単元で集中的に学びますが、学習が終わったあとでは特別に取り上げて学ぶことはしません。したがって忘れてしまっていたり曖昧だったりすることがよくあります。定着していないと『あれ、10dLって、10㎤だったっけ？　100だったっけ?』などという混乱が起こってしまいます。でもこのやり方だと、その単元が終わった後でもたびたび答えに書くことがあるので、学習した経験を思い出せるのです。そのためすっかり忘れてしまうということが少なくなりました。

　さてこうなると、テスト時間が不足してくる子が多くなります。特にいわゆる優秀児童ほど何分でも時間が欲しくなり

ます。普通のテストでは、できてしまった子が時間を持て余していることがよくありますがこの場合は逆なのです。

　事前に"何分まで"と時間を区切りますが、終盤になって「あと〇分です」とコールすると「えっ、もうそれだけしかないの」「あと5分ください」といった叫び声が聞こえてきます。できなくて時間が欲しいのではなく、もっとやりたくて時間が欲しいのです。これまでは「できたらよく確かめなさい」と言っても、子どもは同じ解決パターンで確かめをすることがほとんどなので、ケアレスミス以外は自分ではなかなか間違いを見つけられませんでした。しかしテストでもこのように別のやり方で見直すので今度は自分でミスを発見できるようになります。

　このテストを採点する私も大変で、200点近い点をとる子はザラで、ある時は最高で245点をとった子がいました。答案用紙は裏もびっしりでした。子どもは本当に発想豊かですからユニークな考えを見つける楽しさもあって続けることができました。

column

40人以上の学級で創意工夫

　私が担任の頃は学級の児童数も40人以上だったので、スシ詰め状態のなか一人の教師で対応していたものです。そのため教師は考えられるさまざまな工夫をして、できるだけ多くの子どもに力をつけようと奮闘していました。

　しかし多人数を一人で指導するには限界があるので、最近では少人数指導教員などの名目で副担任的に補助教員を配置しています。子どもにきめ細かく対応するためにけっこうなことですが、そのような制度の導入によって教師自身の創造性が奪われてしまっているのではないかと危惧する面もあります。「こういうことは補助教員にやってもらおう」と役割分担をしてしまい、担任がトコトン考えて『もう限界だ』という状態になるまで工夫しているのだろうかと思うのです。教育の喜びでもある『教師が創造性を発揮して自由に実践する』ということが少なくなってしまうのではないかと思うのです。

　5・6年生の2年間担任したYくんは、50歳を過ぎたクラス会の時もこの学習方法を強烈に覚えていて、大学

> で研究者になっている今でも「自己紹介のときには『私は小学校の時の授業で研究（学ぶこと）の楽しさを知りました』と言うこともあるんですよ」と語ってくれたことがありました。

3. 逆数とは？　友だちとは？
「深く理解したい子どもたち」

　　学級担任としては、6年生を一番多く経験しました。大人になりかかっている年齢ですのでけっこう本音で関わることができ、質の面でも形の面でもダイナミックな実践をすることができました。

　6年を担任するたびに気になっていたのが、算数の「分数の割り算」を勉強するときでした。子どもたちに苦手な教科のアンケートをとると算数は常に上位に来ます。それが高学年になるほど大きくなり、なかでも分数は苦手の中でもさらに上位です。小学校の最後に勉強する分数は「割り算」といういわば三重苦のような内容なのです。そのようなこともあって、私は「なぜ逆数にすると解けるのか」を突き詰めて考えることもさせずに、計算の方法を覚えさせた後に練習問題をおこなってテストで

評価するという授業になりがちでした。私も難しいことをやるとますます子どもの算数嫌いが増えるのではないかといわば逃げていたのです。

勤務校は地域的にも私立中学校の受験をする子も多く、またそうでない子も併せると多くの子が学習塾に通っています。その子たちは『分数の割り算は逆数にしてかける』というやり方を既に分かっているのです。私は「なぜ分数の割り算だけは逆数をかけるのですか」と証明させようとしました。大人だって「分数の割り算は逆数をかければいい」と知っていても「それはどうしてですか」と問われたら、「分からない」「そうするように習ったから」「でもどうしてだろう」「そんなこと考えたこともない」という人も多いのではないでしょうか。

① 分数の割り算はどうして逆数をかけるのだろうか？

私「ここに『$\frac{3}{4} \div \frac{2}{3}$』の問題があります。これはどのように計算したらよいでしょう。皆さんの中には、塾で習ったり家で予習をしてきたりしてやり方を知っている人もいるでしょう。だれか教えてください」

児童A「やり方は、後ろの$\frac{2}{3}$の分母と分子を逆にして$\frac{3}{2}$にします。それから÷ではなくて×（かける）にすると正しい答

第一章　高学年の子たちと〜分数から命の授業まで〜

えになります」
私「みなさんどうですか」
児童多数「いいです」
私「この勉強はまだ習っていないことなので知らなくても気にすることはありません。質問はありませんか」
児童B「Aさんと、今いいですと言った人たちに聞きます。なぜ逆の数にするのですか？　なぜ割り算なのにかけるのですか」
児童多数「う〜ん、そういえばそうだよなあ」
「塾で、そうやるんだって習ったからなあ」
「お母さんもそうやると言っていたけど、なぜなのかは教えてくれなかった」
私「以前もこういうことがありましたね。このやり方はこうですよと先生から聞きたいですか、それとも自分たちで"どうしてなのか"を考えてみますか」
児童全員「自分たちで考えてみる」
「時間をください」
　というわけで子どもたちはこの難問に挑戦です。クラスの決まりごととして、自分たちで考えると言ったときはクラス全員が『分かった』と言うまでは分かったことにはしないことになっています。さっそくノートにいろいろな数字を書い

30

ている子がいます。2人・3人と集まっては相談している子たちもいます。グループは自然発生的です。児童が主体的に活動することに対して私はなんの指示を出さなくても学習は成立していきます。

② みんなで考えよう

「みんな集まって!」という先ほどのAくんの声で子どもたちは黒板の前に集まりだしました。

「あのね、分数同士の足し算は分母を通分して分子だけを足したら答えが出たでしょう。たとえばさっきと同じ分数を使うとすれば、

$\frac{3}{4} + \frac{2}{3} = \frac{9}{12} + \frac{8}{12} =$ ここで分子だけを足すから $\frac{(9+8)}{12} = \frac{17}{12}$ 』です」

集まって説明を聞き始めた子どもたちは、

「4年生でやったから分かるよ。いや、3年じゃなかったっけ」などと言いながらAくんの考えを聞いています。Aくんは続けます。

「それは引き算のときも同じでしたよね。分母を通分して分子だけを引いたのです。ここでもさっきと同じ分数を使うとすれば、『$\frac{3}{4} - \frac{2}{3} = \frac{9}{12} - \frac{8}{12} = \frac{(9-8)}{12} = \frac{1}{12}$』です」

子どもたちは「これも分かる」「ここまでなら分かるよ」

第一章　高学年の子たちと〜分数から命の授業まで〜

と言っています。学習は同じ土俵に立って進めることが肝要です。ですからみんなが納得するような考えで進めるようにしています。そのためには『みんなが知っている筈のこれまでに習ったことを使って今ある新しい問題に挑戦する』ことが基本になります。次に先ほどは分からない側であったBくんが手を挙げます。

「そういうことを考えていくなら、分数同士のかけ算は分母を通分なんかしなかったよ。そのまま分母は分母同士で分子は分子同士をかけて答えが出たでしょう。同じ分数を使うとすれば、

『$\frac{3}{4} \times \frac{2}{3} = \frac{3 \times 2 (分子)}{4 \times 3 (分母)} =$ これを約分してしまえば $\frac{1}{2}$』です」

みんなは「おお、そうだった」「そこまでなら分かるよ」などの声を発しています。でもそのうちに、

「通分したりしなかったり分母はそのままで分子だけを足したり引いたりって、分数ってややこしいから嫌い」

と言う子や、

「かけ算は分母同士や分子同士をただかけるだけでいいから、分数の計算ではかけ算が一番好きだね」

「でも途中で約分するのは面倒だよ」

というように、本題とは離れて分数計算の好き嫌いになっている子もいます。「なぜ割り算では逆数をかけるのでしょ

うか」という問題は小学生には難しすぎるのでしょうか。

　ここで私が、「これまでに学習したことを使いながら何とか考えようとしていますね。勉強の仕方としてはとても良いやり方です。でもまだまだ答えまでは遠いようですね。割り算についてはどうしましょうか。先生が教えましょうか」と助け船を出すと、

「先生、待って待って。まだ降参したくない」「でも難しすぎるよ」「みんなでもっと考えようよ」

　と、いつもながら大騒ぎになります。でも子どもたちは先生に「教えてください」「ギブアップです」と言うのが嫌いです。これまでもみんなで力を合わせれば解決できたという経験があるので必死に考えようとしています。

③ 小さな手がかりから、
　　まるで犯人を追い詰める刑事のように

　そのうちに、
「$\frac{3}{4} \div \frac{2}{3} = \frac{9}{12} \div \frac{8}{12}$ だと言えるよね」
「通分しただけだから、それは言えるよ」

　これにはみんなも異論はありません。でも、それがどうだというのでしょう。
「ということは、$\frac{9}{12} \div \frac{8}{12} = \frac{9}{12} \times 12 \div \frac{8}{12} \times 12$ とやっても

いいでしょ」

「え、え、どういうこと。なんで急に12をかけるんだよ」

「だって、例えば$0.4 \div 0.3 = 0.4 \times 10 \div 0.3 \times 10$のように、÷の両方に同じ数をかけても答えは変わらないという学習をやったじゃないか。だからこれなら、$0.4 \times 10 \div 0.3 \times 10 = 4 \div 3$で計算できたでしょう」

「でも、だからなんだって言うの」

「だから、$\frac{9}{12} \div \frac{8}{12} = \frac{9}{12} \times 12 \div \frac{8}{12} \times 12$とやって、12を約分すれば$9 \div 8$だけになるのじゃないかな」

「答えは、$\frac{9}{8}$だ。なるほど、逆数をかけたときと同じ答えだ」

「なるほど〜。あったまいい」

　と子どもたちは、一様に納得して満足していました。そのうちに、ハッとわれに返ったようにある子が、

「でも通分して答えを出すことのやり方ではなくて、なぜ逆数をかけるのかが問題なんでしょ。それはどうなんだろう」

　という発言をしました。

「そうだ、そうだった。なんでなんだろうなあ」

「待って。両方に同じ数をかけても答えは同じなんでしょ。だったら通分しないではじめから、$\frac{3}{4} \div \frac{2}{3}$のどちらにも12をかけたらどうだろう。最小公倍数だから。そうすると、$\frac{3}{4} \times 12 \div \frac{2}{3} \times 12$だよね。だから、約分して$9 \div 8$になるよ」

「そりゃあ分かるけど、どっちにしろ逆数をかけることにならないよ」
「う～ん、難しいなあ。なんで逆数なんだろう」

④ いよいよ解決だ
　こうして子どもたちは暗礁に乗り上げたような雰囲気になってしまいました。しかし、学校で学ぶことの良い点は、全員が同じように思考の行き詰まり状態になるのではなく誰かが何らかの動きをしていることです。ですから再び小さなきっかけを言うことがあるのです。
「両方に同じ数をかけるのに、なんで12ばっかり言うんだろう。他の数じゃいけないのかな」と、ボソッと小声で言った子がいました。
「そうだよね」
「それって、整数でなくてもいいんじゃないのかな。例えば……」
　何とか解決したいという思いが強くなり、いろいろな発想が出てきます。こういう思考が自分たちでできるようになるのは、日頃からモノの見方や考え方を指導してきたからではないかと私は密かにニンマリしていました。教師から教えられるのを待つような授業をしてきたのではこういう思考はで

きないと思うからです。

「分数だァ」

と、Cくんが大きく叫びました。そうして

「分数を両方にかければいいんだよ。それも $\frac{4}{3}$ を」

Cくんは興奮しています。数学者が数式を発見したときのようです。

「いいかい、$\frac{3}{4} \div \frac{2}{3}$ の両方に $\frac{4}{3}$ をかけるよ。すると、$\frac{3}{4} \times \frac{4}{3} \div \frac{2}{3} \times \frac{4}{3}$ になるよね」

「うん、うん」

聞きながら、子どもたちも身を乗り出してきています。「早く説明しろよ」と言う子もいれば、早くも「分かったあ」と手を叩いている子もいます。

「$\frac{3}{4} \times \frac{4}{3} \div \frac{2}{3} \times \frac{4}{3} = 1 \div \frac{2}{3} \times \frac{4}{3}$ になります。ここで、1÷はどうせ1になるのだから消してしまえば $\frac{2}{3} \times \frac{4}{3}$ になるよ。これって、逆数をかけたことじゃないの」

「なるほど。そうだ、そうだ」「すごい、すごい。やったじゃないか」

と、児童はとりあえず納得しました。もちろん一度説明を聞いただけで分かる子ばかりではありません。何度も聞き返したり、隣の子とボソボソと言い合ったりしながら納得している子もいます。そうして一人ひとりがこの解決までの道筋

を口の中で繰り返しています。そして自分でも説明がつくことがうれしいという表情をしています。そうすると余裕が出たのか、
「$\frac{4}{3}$じゃなくて、$\frac{3}{2}$をかけるともっと完全に逆数をかけたことになるね」
「うん、ぼくも今それを考えていた」
　などと余裕の表情で語り合っています。

⑤ 子どもたち自身はどう感じたのでしょう
　私は、一日の終わりには学習日記を毎日書かせるようにしていました。この分数の割り算の日は他の教科での学習を取り上げた子は一人もおらず、全員がこの算数のことを書きました。それだけインパクトがあったのでしょう。この授業の喜びを次のように書いていました。
「これまでで、こんなに楽しかった算数を経験したことはなかった。みんなで考えをチョッピリでも出し合ってその考えをどんどん積み上げていく。そして最後にみんなの考えをまとめることができた。一つの楽しみは、一人が間違えると『ここはこうするんだよ』とか『ここは違う』とかみんなで教えてあげることができる。別に間違えたってはずかしいことでも何でもないんだ。そういう点がまず楽しい。

もう一つは、難しい問題をやっているときはすごく苦しいけれど、難問を越えると"この問題は誰にも教わらずに自分たちだけでがんばって解けたんだ"という自信がわく。そういう自信がつく楽しみがある。この二つの楽しみは、マンガやテレビを見たときの楽しみとは違って苦しいことを成し遂げた後の質の高い楽しみだと思う」

　高学年になると、学習塾に行っている子も増えてきて教師がやりにくい授業があります。そこで教師は、学習塾では習わないようなアプローチで、全ての子が問題意識を持って取り組むことができるようにしなければなりません。学習塾と同じようなことをしていては「ボク、それは知っているよ」と言って真剣に授業に取り組まなくなることが考えられます。また知っている子の中には、知っていることを隠して知らないふりをして教師に合わせてくれる子もいます。しかしこれではその子がこの授業で今よりも伸びることができません。だから授業は、知っている子がいるのを承知のうえでその上を行く授業を工夫しなければなりません。いつも以上に子どもとの勝負が必要になるのです。

⑥ 友だちの悪いところを書いて手紙にする
　『ありがとうの手紙』

　卒業を1カ月ほど後に控えたある日に、
「いつもは学習日記を先生に提出していたけど、友だち同士で書くというのはどうかな」
　と投げかけました。『友だちへの手紙』という形で交換し合うという実践をしている例もときどき耳にしていました。そこで、
「互いに手紙を出し合うというのはどうかな？　例えば『君はこういうところがいいからこれからも続けたらいいよ』などと書いて……」
　と聞いてみたのです。
「中学校もバラバラになっちゃうから今感じていることを書いてもらうというのはいいね」
　という意見でまとまりそうになったその時、
「いいところなんか書いてもらってもしょうがないんじゃないの。いつも、帰りの会や授業の発表のときに友だちから聞いているから自分でもだいたい分かるよ。それよりも悪いところを書いてもらった方が自分のためになると思うから、それを書いて渡すというのならやってもいい」
　と言う子が出てきました。彼は、

第一章　高学年の子たちと〜分数から命の授業まで〜

「だってもう別れちゃうんだから、今のうちに聞いておいた方がいいと思うんだよね」

と平然と言っています。私は気になって、

「でも書かれたらいい気持ちがしないんじゃないの。よくも書いたなと思って仲が悪くなるかもしれないし」

と続けました。すると別の子が、

「ぼくもそのことを考えていたんだけど、このクラスだったら何を書かれても『ありがとう』という気持ちで受け取ることができるような気がするんだよね。自分の悪いところって案外自分では分からないから」

と付け加えました。その後、時間をとってみんなで考え合うようにしました。でも時間をかけることなく結論が出ました。

「授業で違う意見が出た時も、それでもっとよく分かったのと同じじゃないの。そのときに、よくもオレの意見に反対したななんて思わなかったでしょ。『そうか、そういう考えもあったんだ。ありがとう』と思ったじゃないの」

という意見に皆が賛成したからです。

手紙は出席番号順に「〇月〇日はＡくんに全員が書く」というようにして全員に渡るようにしました。私はまだ不安もあったので『直した方がいいところ』を書くこと、また書か

れたことはその人なりに感じたことであって全員がそう思っているわけではないかもしれないということを徹底して伝えました。子どもたちはいつのまにかこの手紙のことを『ありがとうの手紙』と言うようになりました。また番号が後ろの方の子の中には「早く私の番にならないかな」と心待ちにしている子もいました。

　内容を私は一切見ないで子ども同士が書いて渡すようにしましたが、あるときAさんが、
「先生、直した方がよいところを書くはずだったのに、Kくんは良いことばかりを書いてきたの。これじゃありがとうの手紙じゃないと思うんだけど、先生から言ってくれませんか?」
と言ってきました。いつもならばどんなことでも直接友だちには話していたAさんにしてはずいぶん遠慮をするんだなと思いましたが、私は
「自分で言いなよ」
と言って関わりませんでした。思春期の芽生えの時期でもあり、また違う学校へ行くこの二人には子どもなりの微妙な感情もあったと思ったからです。

第一章　高学年の子たちと〜分数から命の授業まで〜

⑦ お楽しみ会ではなく「授業がしたいです」

　このような学級だったので、卒業式を5日後に控えた日に、
「もう授業することもほとんど終わったし、卒業式の前に何か楽しいことをしてみないか？　たとえばお楽しみ会のようなことを」
　と問いかけてみたときもおもしろいことを言い始めました。多くの子が、
「そうだね。ゲームをしたり、お菓子も食べたりして……」
　と盛り上がっていました。
　そのとき、ある子が、
「授業がしたい」
　と言ったのです。その子は、
「みんなで意見を出し合って問題を考えていくことが楽しかったから、最後にああいう授業をまたしてみたい」
　と続けました。するとそれまでお楽しみ会で盛り上がっていた子が一斉に、
「そうだ、そうだ。授業をしようよ」
　と言い、
「授業がいい人、手を挙げて」
　と自分たちで多数決をとって満場一致で授業をすると決定してしまったのです。そういえば近頃は卒業式の練習の合間

に復習などをすることが多く、ダイナミックな授業はほとんどしてなかったなあと思いました。私はとてもうれしかったのですが、照れながら、
「本当に授業でいいのかい」
と念を押しました。すると
「いいよ、授業がしたい」
とまた盛り上がりました。
　6年生の学習内容は全て終わっています。そこで、教材にはないものですが、国語の詩を読解することにしました。これならば卒業しても解決しないで持ち越すことがなさそうだからです。授業はこれまでと同じように作者の立場に立ったり対象に思いを寄せたりとさまざまな角度から多くの意見が出ました。終わったあと、
「やっぱり授業はいいなあ」「やってよかったね」
と満足した声が聞かれました。
　この学級は、5・6年と連続して担任したので活動する内容もどんどんダイナミックになっていき、子どもたちも『学び合う楽しさ』を知ったので教師冥利に尽きる2年間でした。私は『自分から学びたい』という子どもの内発的なエネルギーを後押しするだけでよかったのです。

column

教師の役割は、伸びたがっている子どもに
手を添えること

　教育とは『知識を教え、子どもはそれを覚える』ことと考えられていた時期が長く続きました。それでも一部の教師が『教えられるのを待つのではなく、自分で解決できる力をもつ子どもを育てるべきだ』と授業改善をしてきたおかげで子どもに問題解決の力を身に付けさせるべきだと教育観が転換されました。多くの教師はそれを、与えた問題を「どう解決するか」だと考え、かく言う私も次から次へと手を打ってそのように子どもを伸ばそうとしました。

　しかし、経験を積むうちにだんだんとそうではなくて、『子どもは伸びたがっている』『自分でできるようになると自分から伸びようとする』、だから教師はそれに"手を添える"のが役割ではないかと感じるようになりました。子どもが『〜たがる』状況を設定すれば、あとは子どもの後押しをするだけでよいのです。

　成長につれ、子ども自身で問題を発見することも多くなります。その問題意識を喚起するだけで、子どもは自

分から解決したいと懸命に学び、解決すると次は条件を変えたりモノを変えたり、『こういう場合はどうだろう』と関連する問題を解決しようとするのです。この流れこそが本当の学びではないかと考えます。与えられた問題をうまく解くことも大切ですが、自分から問題を見つけることは主体的に生きる上でさらに高次な能力と言えます。

4. 男女一緒に『いのち』の授業〜子宮ってなあに?〜

　LGBTやジェンダーなどの用語を頻繁に目にするようになり、最近では性の多様な価値観について大きな流れが生まれています。大切なことですが授業は難しくもあります。それに比べて男女両性の観点だけで授業ができた私の時代のことは参考にならないかもしれませんが、命の大切さについて実践しましたのでそれを紹介することから論を起こしました。

　今、多くの若者の自死が報じられています。由々しきことであり残念でなりません。その原因の一つには、命がどのように誕生しどのように育まれてきたかをきちん

> と教えられてこないまま大人になっていくことにもあるように思えるのです。授業ではやりにくい内容だからと軽く扱う教師も少なくないのですが、自分の命の誕生から成長までのプロセスはどの子にとっても強い関心があります。だから教育の場では主体的に学ぶことができる内容なのです。その導入的な段階として、多感でしかも知的にも受け入れが可能である小学校高学年には最適だと考えます。そこで子どもたちが無理なく実感を伴って『自分の命の誕生』と向き合えるように工夫して授業を実践しました。

① 入学してから5年生までの成長をつかむ

　学校では進級した4月に子どもたちの身長・体重・胸囲・座高などの体位を計測します。この1年間でどれだけの成長があったかを6年分記載できるシートに記録します。2学期と3学期には身長と体重を測定します。

　2学期早々の9月、子どもたちは今年も身長と体重を測りました。高学年になると子どもたちも成長し、大人の身体になってくる子もいるので計測にも配慮が必要です。複数人体制で、学年の先生以外も協力して男子は男性の先生が女子は女性の先生が測定します。終了した子から教室へ帰るので早

く終わった子には課題を出しておきます。しかし、すぐに机に向かって自習をする子ばかりではありません。友達と「オマエ何cmだった?」「体重何kg?」などと見せ合っていて、学年全体の計測が終わって教室へ戻ると、そんな話をしていたことがすぐに分かります。しかし自習をしていなかったことを叱るのではなく、その話題に乗っかって子どもと会話をします。
「どうだい、身長は伸びたかい?」「体重は増えていたかい?」
　などと言うと、先生は叱らないで聞いてくれているという安心感もあって、
「ぼくは、4月よりも○cm伸びていたよ」
「Aくんは、○cmも伸びたんだよ」
「体重は、○kgも増えちゃった」
　とそれぞれに言っています。私は、それらを十分に聞いた後、
「ところで1年生の入学の時からどのくらい成長しているかな?」
　と聞きます。
　子どもはなんでもそうです。一つのことが分かったからといってすぐに新しいことに目を向けさせようとして、『ではこういう場合はどうでしょうか?』というように次の問題を

第一章　高学年の子たちと〜分数から命の授業まで〜

振ってもなかなかついてきません。しっかりと一つのことに時間を取って話をさせないと、新しいことに目を向けようとしません。ですから1年生の時との比較に入るために今のことに時間をかけました。
「え、1年の時と比べると……」
　と言いながら、
「身長が〇cmも伸びたよ」
「体重は〇kg増えてる……」
「Aくんはぼくより小さかったのに、今は僕よりも大きくなっている」
「Bさんは、急に伸びているみたい」
　などいろいろと言います。全員成長していますがその伸び具合に関心を寄せていました。
「そういえば〇〇くんは一年の時に同じ組だったけど僕よりも小さかったよねえ」
　などと過去を振り返りながら自分なりに成長していることを実感していました。

② 個人差や性差について知る
　こうして自分のことについて知る時間を経て、成長にはスピードに違いがあるという個人差について学習しました。そ

れはこの後どのくらい成長するのかということや、○○くんに抜かれちゃったからこれからあまり成長しないのではないかという不安を取り除くためでもあります。ここでは資料として手元にある全国平均のグラフを使います。そうして、「早く成長する人もいるけど、全国的な平均では○○cmぐらいにはなる」ことを資料から読み取らせて『なぁんだ、まだまだこれからももっと伸びるんだ』という安心感を与えるのです。

　グラフを見ていると、5年生ぐらいから男子は女子に抜かれてしまうことに気がつき、単純に「なんだよ、女子に負けちゃうのかよ」と悔しがっています。ここで男女の成長の差についても学習します。それは、全国的な平均では5年生ぐらいから身長と体重の体位では女子の方が男子を上回るという逆転現象が起こるからです。しかし中学生の全国平均グラフを資料として提供すると「やったあ、中学になると女子に勝てるんだ」と男子は安心します。

※ここでの学習は、男女差についてのほんの入り口です。しかし、後段の「⑤立派な宮殿にするための工事期間はどのくらいかかるか?」で詳細な学習をすることになります。子宮の準備が5年生くらいから始まっていることと関係づけるためです。

※このような学習にしたのは、男女の体の差異についていきなりそれだけを扱うのではなく、体位の成長について何気ない学習のようにしながらスモールステップで学習の質を深めていくことが大事であると考えたからです。

③ 出生からの成長について知り、驚きを持つ
「一年生からの成長については分かりましたが、みなさんは生まれてからどのくらい成長したと思いますか?」

という発問で次の授業に進みます。体重が3000g前後であったことや身長は50cmほどであったことを聞いていた子もいますが、ほとんどの子はあまりよく知りません。そこで、
「生まれたときのことが書かれている母子手帳というのがあって、みなさんの家にはまだ置いてあるかもしれません。家の人にあるか聞いてきて教えてください。でも10年も経っているからもうないかなあ」

と言いました。

翌日には、ほとんどの子が「母子手帳があった」と自分の出生時のことをうれしそうに見せ合ったりしています。しかし家庭環境の変化で必ずしも全員が残っているとは限りません。そういう子に配慮しないと、学校での学習以前のことが原因で悲しい思いをしなければならない子を生み出すことに

なります。しかし『自分』が学習の対象であることで授業は一層活気がありました。自分自身が教材の当事者ですから当然と言えば当然でした。でも頃合いを見て全国平均との比較をしながら授業はできるだけ一般的な成長ということで進めておさめました。

　学習に母子手帳が使われたので、出生時のことだけではなくそれ以前についても関心を持つ子がほとんどでした。このように母体内での成長に関心を寄せるための動機づけにすることこそが、この学習のねらいだったのです。

④ 母体内での成長に関心をもち、概略をつかむ

　子どもたちは母子手帳を手にして、いろいろなページをめくっており、関心が高いのがよく分かります。疑問に思ったことは家でも聞いてきます。ここからがこの学習の中心ですから慎重に進めました。

「ぼく、お母さんのおなかにいたときによくおなかを蹴っていたんだって」

「私は動き回っていたらしくて逆子だったんだって。それでずいぶん心配かけたらしいよ」

「お母さんは風邪をひいたときに薬が飲めないからずいぶん大変だったんだって」

第一章　高学年の子たちと〜分数から命の授業まで〜

「おなかの中には10カ月ぐらいいたらしいよ」
　などの会話が弾んでいます。
「そうか、けっこうみんなはお母さんに心配かけていたんだね。でも今はこうして元気にしていられるものね。よかったねえ」
　と私も穏やかに会話をしました。そして、
「ところで、みなさんがおなかにいた場所ってなんと言うか知っている?」
　と聞きました。
「え、ただおなかの中って言うんじゃないの?」
　と、すぐに反応する子もいます。
「実は赤ちゃんにはとっても大事な場所なので特別な名前がついています」
　と言うなり、後ろを向いて黒板に『子ども』と書きました。そして、さらにゆっくりと『宮殿』と続けました。
「読んでごらん」
　と子どもたちに声を出して読ませました。
「こ・ど・も・きゅ・う・で・ん」
「そう、子ども宮殿。子どもにとって大事な場所なので宮殿と言います」
「へぇ〜、宮殿かあ」

「そう、みんなは宮殿にいたの。全員が宮殿の王子様か、王女様だったんだよ」
「だから、ぼくを守るために薬も飲まないで我慢したとか言ってたんだ」
「いっぱい栄養のあるものを食べていたと言ってたよ」
　親から聞いていたことが宮殿に結びついて子どもの声が続きます。
「そうだね。宮殿ってどんなところだったか、みんなで考えてみようか」
と言うと、
「食べ物がいっぱいあるところ」
「食べ物というより、栄養じゃないの」
「どっちでもいいよ。栄養満点の食べ物があると思うよ」
「それにあたたかいところ」
「守られているところ」
「ふかふかのベットみたいに」
と何か気分が良くなったのかどんどん続きます。私は、
「そうだね、そういう所で守られながら成長してきたんだよね」
とまとめながら『大事に育てられた命であること』や『母親への感謝の気持ち』がふつふつと湧いてくるようにじっく

りと時間をとりました。そうして、
「ただねえ、子ども宮殿というと長いでしょ。だから縮めて……」
　と言いながら『子』と『宮』を○で囲みました。すると子どもの方から、
「こきゅう」
　という声が聞こえました。そこで、
「そうなんだけど『こきゅう』じゃ息を吸うことと間違えるので、普通は『しきゅう』と言っています」
　と言いました。
「子という字は、男子とか女子っていうから子宮って言うんだ」
　とすぐに結びつける子もいて納得してこの日の学習を終えました。

※この学習では、
- 単なる興味本位にならないように
- また命の尊厳について心を寄せられるように
- 母親への愛について心を寄せられる（大切な命である）ように

　と配慮しながら進めました。

そのため、いつもであれば子どもの問題意識をもとにして学習を進めることが多いのですが、ここまでは資料の提示も教師が意図的におこないましたし、授業が脱線したり拡散したりしないように学習問題になるようなことも教師から提示する形で問題意識の焦点化を図りながら進めました。

⑤ 立派な宮殿にするための工事期間はどのくらいかかるか？
　子宮という名前も知り、もうこの学習は終わったかなという気持ちが一部の子どもたちの中に出始めていたように感じました。でもまだ終わりではありません。私は、
「いろいろと勉強してきて自分の成長の様子も分かってきましたね。でも今日は、子宮についてもっと考えてもらおうと思います」
とかなり強い調子で言いました。この学習は自分について初めて知ることばかりなので楽しく学べていることは子どもたちの満足した表情からも分かりましたが、重要なことが残っていました。
「ねえ、宮殿の王子さまや王女様だったキミたちに聞くけど、宮殿の工事にはどのくらいの期間がかかったと思う？」
と聞いたのです。子どもは『ヘンなことを聞くなあ』という顔をしながらも、

「そうだなあ、食べ物の準備や守ることなんかも入れると案外長くかかったんじゃないのかなあ」

とぶっきらぼうに答えます。自分自身の問題意識で学習が進められているときとはあきらかに反応が違います。授業には教師の必要感（どうしても教えたいということ）で進めることもあります。そういう時は子どもの気持ちとのズレが生じやすいものです。でもここでは教師の強い必要感があったので続けました。

「赤ちゃんが元気に育つようにするところだから、簡単にはできないと思うけどどのくらいかなんて分からないよ」

「そうだよ、学校の物置のようプレハブとは違うんだもの。ね、そうでしょ」

と工事が済んだばかりの体育用具入れ倉庫のことまで持ち出す子もいます。考えるためにはその考えの根拠になるよりどころが必要です。何も手掛かりがないままに考えなさいというのは教師の暴挙です。そこで先日使った、入学から中学3年生までの男女別体位の全国平均グラフを提示しました。少し黙っていると、

「え、これ何か関係あるの?」

と怪訝そうに見ている子たちの姿がありました。なんとなく落ち着かない様子ですが何か言いたそうです。私はグラフ

を指しながら、ゆっくりと、
「小学校入学から3年生頃までは男子の方が大きいよね」
と確認します。
「でも、4年生頃には男女が同じくらいになっています」
その通りです。このことに異論はありません。
「でも、5年生になると女子の方が大きくなって6年生ではもっと差が開いてますよね」
と言った後、もう一度私は黙りました。子どもたちの何とも言えない異様な雰囲気が感じられます。「え、4年生頃から子宮の工事が始まっているの?」「いやそんなことないよ、同級生がお母さんの準備を始めているなんて、まだ子どもなんだから」と打ち消したいけれどもそうとも言えないかもしれないという感じなのです。

私は、
「これが答えですよ。キミたちも感じているように、女子はもうお母さんの準備が始まっているんですよ。子宮って宮殿だったよね。宮殿には栄養のある食べ物とかも揃っているはずだと言っていたよね。そのための食べ物はすぐにはできないんじゃないのかな」
と言うと、
「インスタントじゃだめだから時間をかけて作るんだ」

第一章　高学年の子たちと〜分数から命の授業まで〜

と言う子がいました。何とも言えない重苦しい空気を打ち破るようなひょうきんなギャグで子どもの緊張が解けたようです。私は、
「女子に聞くけど、自分の中にお母さんになる準備が始まっているなんて考えたことある?」
とリラックスさせるような感じで聞きました。内容が真剣なだけに、つい「しっかり聞きなさい」という強制的な押しつけになりがちです。でも、子どもの心の中に納得するという状況ができていないと上滑りの授業になってしまうのでフツフツと心が醸成されるのを待ちました。また、女子の中にはもう生理が始まっている子もいます。でもそれが本当にお母さんになる準備だということと結びついて実感を伴って理解しているとはいえません。ここでは、とにかくお母さんになるための準備は長期にわたってじっくりと進められるということに焦点を当てて学習するようにしたのです。そして、
「もうお母さんになる準備が始まっているのだから、自分の体を大事にするんだよ」
と軽く付け加えてこの日の授業は終わりました。

余談になりますが、その日の掃除の時間のことです。教室掃除で重い机を運ぼうとしている女子に対して、

「オレが持ってやるよ。お前らはお母さんの準備をしているのだから」

といつもは積極的には掃除をしない男子がかばっているのでした。こういう優しさがいつまで続くかなど関係ありません。少なくとも今は女子の体にそんな変化が始まっているということに対して、自分なりに行動で示していることからも実感を伴った学習になっていたのだろうと感じたのでした。

※「工事」という言葉について

宮殿を作るということで使ったのですが、女性の体をモノのように例えているとある保護者から批判がありました。子どもからは何の違和感もなく『完成に向けて少しずつ作っていく』ことから工事という表現もスンナリと受け止められたのですが、無理に使う必要はなかったようにも思います。

⑥ 赤ちゃんの食べ物はいつ作るのか

子どもたちは、この学習はもう終わったと思っています。自分からの問題意識が続かないのです。新しいことをいろいろと学んでも『教えてもらった』という意識が強いからかもしれません。また知らない事ばかりなので、習ったこと（既習）との矛盾などから自分で問題を見つけていくことができ

ないのではないかと思います。学習は子ども自身の問題意識に支えられて『知りたい』という欲求で進めなければなりません。一つのことがわかると『こういう場合はどうなのか』と、場合（空間や時間などの状況）を変えて連続的に学ぶことで問題意識が持続します。でもこの学習は知ると『そうだったのかあ、初めて知った』と興味が湧くことばかりですが、なかなか次に学びたい問題が浮かんでこないのです。

　そこで、資料を提示していきながらこれまでの学習を振り返ることにしました。お母さんのおなかの中にいる赤ちゃんの実物大模型はとくに驚きだったようです。「ぼくはおなかの中にいたときに逆子だったんだって」と言っていた子は、赤ちゃんが頭を下にしていることが普通で、頭が上になってしまうことを「逆子」ということに驚いていました。また「おなかの中では元気過ぎてへその緒が首に巻き付いていたので心配していた」と聞いていた子は、模型のへその緒を見ながら「動きやすいようにこんなにバネみたいに長くてゆるゆるになっているから巻き付いたりするんだ」と納得していました。

　そうしてある程度の余裕が生まれたときに、
「赤ちゃんの食べ物って、一度作られるとずっとしまってあるのかなあ？」

とつぶやく子がいました。学習はじっくりと学んである程度自分の中で余裕が出てこないと新しいことには考えが向かないものです。このつぶやきを私は取り上げました。
「みなさん、赤ちゃんの食べ物は一度だけ作るのかな。どう思いますか」
　と聞くと、子どもたちからはいろいろな声が溢れるように出てきました。
「一度にたっぷり作っておかないと足りなくなったら大変だよ」
「でも初めのうちは赤ちゃんだって小さいのだから少しだけ作って、だんだん大きくなるにつれて増やしていけばいいんじゃないの」
「僕にはお兄さんとお姉さんがいるけど、おなかの中で残り物を食べていたんじゃイヤだよ。そんなの宮殿じゃない」
「一人ひとりに新しい食べ物を作るんじゃないの」
　と想像をしながら意見が続きました。そのように思っていることを言いたいだけ言えたからなのでしょうか、ポツリと
「赤ちゃんができてから食べ物って作り始めるのかなあ」
　と言う子がいました。
「赤ちゃんがいつできてもいいように、できる前から早めに準備しているんじゃないのかな」

第一章　高学年の子たちと〜分数から命の授業まで〜

という意見に、
「そうだよ。準備ができたからいつでもどうぞというのでなくちゃ宮殿にならないよ」
「あわてないようにいいものを選んで準備してくれていたんじゃないかな」
「風邪をひいても薬を飲まないで我慢していたとお母さんは言っていたもの」
　などと安心した顔で言っていました。

⑦ 古くなった食べ物は捨てられる〜生理についての入り口〜
「でも、それじゃあおかしくない?」
　という発言に、教室中がキョトンとしました。
「だって、赤ちゃんのいない大人だっているでしょ。準備した食べ物はどうなっちゃうの?」
　と続けました。
「そうだね、親戚のおばちゃんは『仕事が好きだから結婚しない』って言って独身を続けるんだって。そういう人の食べ物はどうなっちゃうんだろう?」
　とまたまた疑問が湧いてきます。ここは生理について話を進めたいところですが男子も一緒にいます。そこで、まず、
「赤ちゃんの食べ物は赤ちゃんがおなかの中にできる前から

準備していることは分かったよね。でも、赤ちゃんができなかった時にはせっかく準備したけどその食べ物は必要なくなるんだね」

と焦点化しようとしました。ところが、
「必要ないということじゃなくて、今は必要なくても結婚して子どもができるかもしれないという人だっているんだから、食べ物はいつまで持つかが気になるんです」

とまとめてくれた子がいました。すると、
「そうだよ。古くなったら賞味期限が切れちゃうかもしれないじゃないか」

と、またまたギャグで疑問の核心をついてくれた子がいました。ここまでの学習で、声に出して発言する子は男子が圧倒的に多かったです。いつもは男子に負けないくらいの発言をしている女子ですが、自分のことと結びつけていろいろと考えているのかこの学習ではあまり発言をせずにいました。私は、
「宮殿の食べ物なのに古くなったら困りますね。だいたい一カ月ぐらいで捨てられて新しいものに替えられるようですよ」

と簡単に触れてこの疑問にはピリオドを打つことにしました。生理は受精のための卵子との関係で取り扱うのが科学的

第一章　高学年の子たちと〜分数から命の授業まで〜

なのでしょうが、学習の流れからここでは赤ちゃんの食べ物との関係で扱いました。(P69「知識と認識」を参照)

　そして、赤ちゃんが成長するにつれてお母さんの血管を通して運ばれた食べ物（栄養）はへその緒から赤ちゃんに届けられてどんどん大きくなっていくと学び、この学習は一応の終わりとしました。ここから先は、女子には生理時の対応などを指導するという計画で男女別々の学習にするようにしました。

⑧ お母さんと血液型が違うのに
　どうやって栄養を運んでくるの？

　ところがその2日後の朝、深刻な顔をしてこっそりと相談に来た子がいました。
「お母さんの血管を通してへその緒に運ばれてくる栄養で赤ちゃんが成長するって勉強したけど、お母さんとぼくは血液型が違うんです。友だちのAくんに聞いたら、Aくんはお母さんと同じだけどお兄さんは違うんだって。違う血液型が混じったらいけないんでしょ。顔とかはお母さんに似ているって言われるんだけど、本当のお母さんですよね」
　と言います。とても悩んだのだろうと思います。かわいそうなことをしました。教育が時にはこんなに罪深いことを引

き起こすのかと私自身も血の気が引くような思いでした。よくぞ言いに来てくれたと思いました。
「大丈夫だよ。心配いらないからね。みんなにも聞いて詳しく勉強しようね」
と言って帰しました。もう待てません。すぐにでもこのことを勉強しなくてはなりません。幸いその日の午後の時間割を変更して時間がとれました。
「みなさんの中に、お母さんと血液型が違う人が10人ぐらいいると思います。いや20人ぐらいいるかな」
と言って子どもの顔を見渡しました。
「おなかの中の赤ちゃんへはお母さんの血液で栄養が運ばれるって勉強したよね。それがへその緒を伝わって赤ちゃんに入るんだから、赤ちゃんとお母さんは同じ血液型じゃないといけないんじゃないか、という疑問を持った人がいます」
「え、そういえばそうだ。やばい、おれ違う」
「おれも違う」
「お姉ちゃんは違うよ」
と、一気に大騒ぎです。
「でも心配いりません。今から勉強しますからね。ちなみにお母さんと血液型が違うっていう人は手を挙げて」
と聞きました。心配ないと言われても、いきなり不安にな

ることを聞かれるのですから周りの顔を見ながら恐る恐る挙げています。15人ぐらいの手が挙がりました。

「ね、こんなにいるでしょ。こんなにいるということは、血液型が違ってもおかしいことじゃないんだよ。これから詳しく説明しますね」

と言って、プリントの資料を配りました。

そこには、胎盤まではお母さんの血液で栄養が運ばれてくるが血液の役割はここまでで、エネルギー（栄養）だけが胎盤を通して赤ちゃんのへその緒に入ると書かれています。子どもたちは安心したような顔になってきます。

「へえ〜、血液は運ぶだけなんだ」

「栄養だけ運んできて、あとは帰っていくんだ」

とすっかり安心したようです。すると、

「宅配便みたいだね。玄関まで荷物を運んできて届けたら帰っていくなんて」

という声があり、

「そうだ、そうだ。似ている、似ている」

と安心感が手伝っていつもの明るい子どもたちになっていました。

⑨ 男子にお説教?

　この後、男女別に学習することにしました。内容は、

　男子は良い父親になるためには、これからどんなことに気をつけていったらよいか、女子はより良い母親になるために、また生理の手当の仕方や留意点についてです。

　昭和28年に小学校入学をした私は、女子だけが特別に集められて何やら授業のようなことをしていたのを覚えています。戦後の教育で、女性の体のことを学校でも教えるようになったからだろうと思います（確認していませんが、たぶん戦前は女子だけを集めてこのようなことを学校で教えるということはなかったのだろうと思います）。おませな男の子が「きっとアレだぜ」と言っていたのも記憶していますが、私には何のことか分かりませんでした。

　そこで、学年として対策を考えました。そして、

「最近の男子の態度について先生から指導したいことがあるから図書室に集まりなさい。女子は静かに自習をしているように」

と、まず男子だけを集めました。最初はお説教のように進めました。そして「やがては立派な大人の男性として活躍するのだから」と、いわゆる『男らしく』という内容をなるべく時間をかけて指導しました。実は、女子だけを指導する

第一章　高学年の子たちと〜分数から命の授業まで〜

ことが目的なので男子に対しての内容は何でもよかったのです。

　男子が出ていった後に女子だけを別の部屋に集め、女性教員や養護教諭から生理について指導していただきました。そして、女子の指導が終わって全員が教室に入った頃に男子が教室へ戻るようにしました。男子は自分たちだけがお説教をされて女子はずっと自習をしていたものと信じて疑わないようでした。

※この単元の内容は『人の誕生と成長』です。この学習では、卵子の排出による生理と妊娠後の食べ物（栄養）を外に捨てることをあいまいにしたまま学習しているので科学的には正確でないことがあります。しかしこの年齢段階では、性交によって卵子は精子と結合して妊娠することやその後に作られていく栄養で胎児は育っていくことをきちんと理解できるとは思えません。こうした発達段階を考慮し認識できる内容はここまでだろうと考えて実践しました。

　この授業は、教科書などではお母さんのおなかの中の様子から、誕生そしてその後の成長というように順を追って学ぶようになっているのが一般的です。しかし、身近な『今』を

起点にして、それから『それ以前はどうだったのだろうか』というようにさかのぼるようにした方が実感を伴った学習になるだろうと考えて実践したものです。

column

知識と認識

　人の命は性交から始まります。それが『自分の出発点』です。5年生でそれらをどのように理解してもらうことができるだろうかと悩みました。生理についてもどれだけ実感を伴って学習できるだろうかと考えました。女子には体の変化も起き始めています。その結果、この段階では生理は赤ちゃんをつくるための準備であるというように理解させるという学習に取り組みました。科学としての正しい知識とは違っていても子どもたちの実態としては無理なく進められたのではないかと思っています。

　子どもの学習とは、大人が発見した科学の真理を「本当はこうなんだよ」と押しつけることではありません。自分たちで少しずつ科学の本質に迫る追究をしていくという『学び方』を身に付けていくことが学習です。その過程では科学的には違っていても『学び方を身に付ける

プロセスとしては間違っていない』こともあるのです。私たち大人でも「〇〇さんて、こういう面もあるんだあ。認識が足りなかった」ということはよくあります。つまり認識には段階的な深さがあるのです。だから間違いが許されるのだと考えます。そしてだんだん詳しく知っていくときに『認識が深まった』というのは日常よくあることです。

『赤ちゃんの成長』についての学習で、生理で体外に出されるものとおなかの中で赤ちゃんの成長に使われる栄養とを区別せずに学習しましたが、5年生のこの段階では受精についてはまだ学習していないので、食べ物と混同したままの認識でよいと考えたのです。

5. ナワトビは進級表を全部クリアー

冬になると、暖かい千葉県とはいえ空っ風が吹いて元気な子どもたちも外で遊ぶのを億劫がるようになります。それでは良くないので、学校ではあの手この手で冬でも外で遊べるように工夫します。体全身が温まるような全身運動はとくに意図的に授業でも取り上げられま

す。男子に人気なのはサッカーです。でもその当時はこれといって女子が興味を持つような全身運動は少なく、男子と同じようにサッカーをさせていましたが興味のない子も少なくなかったのが悩みの種でした。しかもサッカーでは広い場所とそれなりの人数が必要なために放課後や帰宅後に遊ぶ子は限られてしまいます。

　そこで私は、体育主任になったときに自分の学級をモデルにしながら全校一斉のナワトビ運動を推奨することにしました。もちろんこれまでもやっていなかったわけではありません。でも全校の冬季体力づくりとして計画的かつ系統的には実施していませんでした。したがってナワトビが得意な先生の学級では子どもに手本を見せてやる気を高められるので下級生であっても上級生顔負けの技を身に付けていることもありますが、あまり取り上げない学級ではワザも未熟だったのです。そのため、私は全児童分の『ナワトビ進級表』を配布して全校で取り組むことにしました。

① 全校で取り組むためにおこなったこと

　全校にナワトビを普及させるために、まず進級表を作成して全校児童に配布しました。一部の教師からは低学年と高学

年で同じ内容とはいかがなものかという意見もありましたが、すでに低学年であってもすごいワザをやっているという実態があったので説得は容易でした。

また、今ではアクロバット的な技や複数人で身体の動きに合わせて縄を跳ぶ組み合わせ技の世界大会もありますが、この時は誰が見ても分かりやすくするために同じ跳び方をどれだけの回数連続して跳べるかというように考えました。

進級するレベルは、苦手な子や興味のない子に意欲化を図ることと、得意な子にはどんどん難しい技に挑戦できるようにと配慮しました。つまり、低いレベルのときは、スモールステップを原則として、回数が増えたり新しいワザがちょっとでもできたりするとすぐに級が上がるようにしました。ですから一日の中でも、『朝上がったのに昼休みにまた上がった』ということが繰り返されることがしょっちゅうでした。こうして級が上がる喜びを通してナワトビが好きになるように意図しました。

難しいワザができると喜びになり、さらに難しいワザにも挑戦したくなって、周りの人が評価しなくても自分自身で主体的に練習をするようになります。ですから難度の高いワザの段階では簡単には級が上がらないようにしました。

② 我がクラスはトップであったが、抜かれそう

　言い出しっぺである上に体育主任でしたので、私の学級は力を入れて取り組みました。また廊下の掲示板には学級での進級の状態を「〇級:〇〇くん、△級:〇〇さん」というように掲示して全校への意識づけも図りました。他の学級の子が立ち止まってそれを見て「〇〇くん、すごい」「△△さんて、やるじゃない」と言っているのを聞きながら、我が学級の子たちもまんざらではないという感じでいっそう励んでいます。

　そうなってくると学校中に火がつきます。どの学級にも夢中になる子はいるものです。競争するように進級していきます。確かに高学年の方が進級は早いのですが、上の方の段階は学年に関係ありません。私の学級には、下の学年に弟や妹が在籍している子が数人いました。私の学級の子が家でナワトビを練習していると下の子も「教えて」と言って一緒に練習することも少なくなかったようで、すぐに下の学年でもうまくなる子が出てきました。子どもが技を習得するのに年齢差はあまり関係ないようです。このようにして私が予想していたよりも早く、学校中にナワトビ練習に拍車がかかってきたのには驚きました。そうなると一番だと思っていた我が学級も油断ができなくなりました。練習や教え合いにいっそう

第一章　高学年の子たちと〜分数から命の授業まで〜

の拍車がかかってきました。私にとってはうれしい悲鳴です。

　全児童があちらでもこちらでも熱心に取り組んで、ワザも大人がびっくりするようなことをしているものですから地域の大人たちにもすぐに知れ渡ります。また歯医者さんから「順番を待っている間にやっていた子もいましたよ」という話や「ダイエットになるので私も一緒にやっているんですよ。でも、とうてい子どもにはかないません」という保護者の声も聞きました。私も、寒くなってきた夕方にも街灯の下で兄弟揃って練習しているところや親子で取り組んでいる姿をよく見かけました。一方「足にみみずばれができるほど練習しているのにやめないんですよ」という母親からの声が届くこともありました。半ズボンの方が引っかからないので難しい種目ほどやり易いのです。

　そうして難しい種目をはじめとして何十種目も身に付けてくると跳ぶための縄も種目に応じて使い分けるようになる子も出てきました。

③ 教材としてのナワトビの有効性について

　このような子どもたちの姿から、教材としてのナワトビについて当初思っていた以上に価値があるのだと感じました。それは、

- 狭い場所でもできること
- 一人でもできること
- 少しの時間があれば手軽にできること
- できたことを自己評価できるので進級することの喜びを実感できること
- 何人でも一緒にできるので競い合ったり教え合ったりしてできること。そしてできるようになるとともに喜び合えること
- 遊び感覚でできるので自分のペースで練習できて疲れを感じないこと
- 運動を苦手に思っていた子ができるようになることで自己発見をすること
- 寒い冬の全身運動として意味があること

　などを知ることができたのでした。
「今の子は外で遊ばなくなった」とか「子どもは風の子というのにストーブの前から動かないよ」という芳しくない評価が子どもたちには聞かれます。でも子どもがやりたくなるように適当な場や方法を考えてあげれば、やはり子どもはいつの時代でも元気なのだろうと思います。教師は冬季体育のあり方を研究しますが、寒くても『体を動かしたくなる状況を作る』ことが何にも増して必要だろうと考えます。

④ 進級表が足りなくなった

　私の見込み違いが発生しました。子どもたちの上達があまりにも早くて当初全児童に配布した進級表が一部の子には役に立たないという事態が発生してしまったのです。作成に当たっては、スポーツ関連団体や教育用図書などの資料を参考にしました。昨年までは学校として意図的に取り組んできたわけではなく、いわば初めての年だからそれほど急速に進歩することはないだろうと踏んでいました。それでも万が一に備えて、ここまでは無理だろうという難度の高い段階も設定しておいたのです。進級表は、下の段階はスモールステップですぐに級が上がるというようにしたり、全校で一つに統一したりしたこともあって20段階にした『級』と『段』を設定していました。それにもかかわらず全てクリアする子が何人も出てきたのです。子どもの可能性は本当にすごいとびっくりしました。私は急きょさらに上の段を設定することを余儀なくされました。

　ちなみに、最初に作成した進級表の最高位である『10段』は次のような種目の組み合わせでした。一種目だけができても10段にはなることができず、全てクリアして初めて到達するのです。

- 二重とび：200回

- 三重とび：30回
- 後ろ交差とび（後ろはやぶさ）：50回
- 前交差とび（はやぶさ）：100回
- 片足二重とび（両足ともに）：50回ずつ

　これらの種目を、数カ月もしないうちに全部できるようになるという子どもの能力のすごさには、ただただ驚きでした。10段の全部をクリアすることができずに9段や8段でストップしている子もまだまだいますが、追加の進級表の作成を急ぐ必要があるのとどう設定しようかで頭が痛くなっていました。

　そこで、これまでは少しずつワザの難度を上げていく考えで作成しましたが、今度付け加える進級表は思い切って絶対に無理だろうという最上限の組み合わせを設定し、それから順に下りて間を埋めていくように作成しました。さすがに今度は難度が高すぎて、最高位はほとんど無理でした。そして3月の最後の集計の日には多くの子が「来年は絶対できるようにするからね」と私に言いに来てくれました。卒業生は「中学校でも挑戦してできたら知らせに来ます」と言い残していきましたが一人も来ませんでした。やはり学ぶのには仲間とともに競い合う雰囲気が必要なのではないかと思いました。

⑤ 卒業後のクラス会にも縄を持ってきた子
　卒業して何年か後にクラス会がおこなわれたときのことです。もう立派な大人の体形になっています。一人がナワトビ用の縄を持ってきました。
「小学校のときに使っていたものですよ」
　と言いながら、
「先生、見て。まだこんなに跳べるんですよ」
　とやって見せてくれました。それを見ていた他の教え子たちは、
「貸して、貸して」
　と奪うように、何人もが正装をしているのにもかかわらずやり始めました。そうして、
「今でもできるんですねえ」
「ワザって、忘れないものですねえ」
　と感嘆していました。一番早く結婚して小学生の子どもがいる子は、
「子どもと一緒にナワトビをすると『お母さんすごい』と言われるんですよ」
　と得意そうでした。水泳や自転車に乗ることと同じように、体が覚えたナワトビの技は体力が衰えてもできることの証明になったのではないでしょうか。

column

やっていないだけで『苦手』と
自分を決めつけてしまうことは危険

　子ども時代の体力づくりに対する私の考え方は『一つの運動に偏ることなくいろいろな能力を開発することが大切である。瞬発力や持久力、逆さ感覚や器具に合わせた体の調整力など、総合的に満遍なく力をつけるのが小学生の体力づくりである』というものでした。

　このナワトビでも、前とびだけではなく後ろとびも交差とびもというように設定したのはこういう理由があったのです。そうして運動が苦手というレッテルが貼られていて周囲の人もまた本人さえもとてもできないだろうと思われていた子ができるようになるのにそれほど時間がかからなかったのです。これまでは「あの子はすごいけど、どうせ私なんか」と自信のない固定観念にとらわれていた子が『私もできるんだ』と証明してくれたのです。"運動ができないのではなくやってこなかっただけ"だったのです。運動神経が鈍いのではなく能力を"開発されていなかっただけ"なのです。そういう考え方から複合的に作成した進級表です、子どもたちは身に付くこ

> とも早いのです。身に付けば好きになり自信になるのです。ですから多くの子がどんどんワザができ回数も増えていきます。たとえば走ることのように目に見えたり記録に表れたりすることだけで「私は運動が苦手」と決めつけて運動嫌いになることは、人の一生という観点から考えるととても危険なことだと思います。運動能力が開発されてこなかっただけであることも多いからです。

6. セカンドスクールはマラソンで行ったり、別々のコースを行ったりして

　私が若年教師時代に勤務した千葉県八千代市には、印旛沼に程近いところに『八千代市立少年自然の家』があります。そこで子どもたちは宿泊体験をするのですが、通常の学校ではリュックサックに入れた重い宿泊用の荷物があるために学級分のバスを配車して現地まで行きます。勤務地の小学校からは約13kmあります。しかしこの年は一台のバスだけを配車してもらい荷物だけを乗せて、自分たちはマラソンで宿泊地まで行くことにしました。交通量の少ない道を行きますので少し遠回りになります。

一斉に学校を出て『村上橋』までの4kmくらいを歩き、村上橋からは新川沿いに10kmくらいの蛇行した遊歩道を走って自然の家まで行こうという"無謀な"計画を立てたのでした。日頃から校庭を何周も走っている子が多く、持久走には絶大な自信を持っている子どもたちだったので挑戦させてみようということになったのです。

　万が一を考えて、遊歩道の上を横切る橋の上には、保護者に自家用車で待機していてもらうように協力を依頼しました。その他に、先頭と最後尾には若い男性教員が一緒に走りそれより前にも後ろにも行ってはいけないというようにしました。特別に配慮を要する児童には自転車で伴走する教師がつくようにしました。

① 当日までの自主練習

　子どもたちは、自分たちの持久走の強さが認められてこのような特別な行き方をするのだと知って、初めのうちは自信なさそうにしていた多くの子たちもやる気になってきました。「160人全員が10kmを完走しようぜ」というのが子どもたちの目標になりました。休憩時間や放課後には個々に練習をして、出発日が近づくにつれ練習にも熱が入ってきました。個人で練習するだけではなく、速い子は一定のペース

にして持久走が苦手な子に付き合ってだんだんと距離を延ばし、最後の一周だけは思い切り自分のペースで走っている子もいました。やはり本音は全力を出したいのでしょう。毎日毎日、時間を見つけては学級の区別なく練習している姿が校庭を占領していました。学校だけでは心配なのか下校後や休日に友だちと誘い合って家の近くで練習している姿も見られるようになってきました。

担任の方も内心は心配していたので、体育の時間に3km、5kmと子どもたちがどの程度走れるかを調べて学年間で情報交換をしました。状況によっては距離を縮めたりバスに乗せたりした方がよい子もいるかもしれません。ところが情報を整理してみると"競争ではないので、一定のペースなら5kmまでは全員が大丈夫そうだ"と分かりました。これならば当日は、無理をしなければ10kmも大丈夫ではないだろうかという判断から予定通りに実施することにしました。そうして、もし苦しい子がいれば保護者の車で送ってあげれば良いだろうと考えていました。こういう事前の実態から評価すると自主練習の効果があったのだと思います。

② 当日の子どもたちは元気満々

当日は快晴でした。なんと登校した後に、待ちきれずにす

でに校庭を走っている子もいます。集合してお決まりの諸注意を受け、バスに荷物を入れて、さあ出発です。川沿いの遊歩道までは交通量が多いので歩いていきます。荷物もないので歩くスピードも速いこと速いこと。マラソンの出発予定地点の村上橋には予定よりもずっと早く着きました。車を出してくれた保護者と打ち合わせておいた時間がずれてしまわないように、はやる子どもたちを鎮めながら時間の調整をして待ちます。

　いよいよスタートです。先頭の教師は後ろの子どもから「もっと速く、もっと速く」と突き上げられながら走りました。危ない公道を横切るとやっと自然の家が見えてきたので「ここからは自由に走ってよい」と指示を出しました。すると、このときを待ちかねていたようにすごいスピードでゴールの集合地点まで駆け抜けたのでした。このようにして、特別支援学級の女子が5km地点で車に乗った以外は全員が10kmを完走したのです。遅い子がいたら励ましながら来る予定だった自転車の教師さえ「追いつくのが大変だったのよ」と言うほどでした。160人の小学生ほぼ全てがこういう体験ができるという本当にすごい学年でした。

　それから半年が過ぎ、冬になりました。1月には恒例の市民マラソン大会がありました。小学6年生の部は、市内に小

学校が16校あるので400人くらいの参加者は2組に分かれました。本校の男子は全員が同じ1組になり、スタートからトップ集団を形成して、ゴールではなんと1位から29位までを独占したのでした。2組目のトップとタイムを比べても断然速かったので相当実力があったといえそうです。すごい子どもたちでした。

③ 2年後はテーマ別に

　私は2年後も6年生の担任でした。今度の学年はマラソンにもそれほど力を入れてこなかったので児童の能力にも差がありました。全員が10km以上を走って自然の家に行くことはとてもできそうもありませんでした。そこで、昨年の6年生がおこなった「テーマを持って自由にコースを選んでいく」という形を踏襲して内容をアレンジしました。

　子どもはだいたいが男女3人ずつの6人ぐらいでグループになります。好きな子同士でグループを組むのかと思いきや"万が一のことがあった時に女子だけのグループじゃ心配だから"という子どもたちからの提案があったので男女混合グループになりました。子どもたちはグループでテーマを決めて、出発地である学校からゴールの自然の家までの15キロ前後を6時間の制限時間内に徒歩で行きます。

子どもが決めたテーマには、
- 途中にある寺や神社などの歴史的な遺産を見学しながら行く
- 市内の特産品であるナシの栽培農家を訪問しながら行く
- ゴミを拾いながら行く
- 川沿いを歩き、釣りをしながら行く
- 最短距離を歩き、できるだけ速く到着して現地で遊ぶ

　30グループは一つも同じテーマがなく、そのテーマに得意そうでした。

　各グループにはチェックポイントを記した白地図を渡して、5カ所以上のポイントを通ることを条件にどのコースを通るかを記入して事前に提出させました。またチェックポイントには保護者の協力を得てチェック係として立っていただくことにしました。

④ 当日の朝になって校長が許可しない

　当日の朝、校長に「準備ができましたのでそれでは出発します」と報告に行きました。ところが、思いもよらず校長がストップをかけたのです。私はビックリしました。教頭に全て報告して事前に了解を得ていたはずです。子どもたちは運動場に整列して出発の合図を待つばかりですし、チェックポイントに立つ保護者も待ってくれています。校長は、

第一章　高学年の子たちと〜分数から命の授業まで〜

「こんな無謀なことは許可できない。何か事故があったらどうするんだ」

と言うのです。私は、今更そんなことを言われても、

「そうですか。では辞めます」

と言えるものではありません。校長は、

「教頭との連絡ミスで、確認していなかった私が悪いのは分かっている。君もここまできて辞めることができないのも分かる。しかしこの計画は校長として許可ができる内容ではない。やめて欲しい」

という一点張りですし、私も

「いや、できません。計画通りに実施します」

と言って譲りません。

出発の予定時刻はどんどん過ぎていきます。外で待つ子どもや保護者はどんなことを考えて待っているのだろうと気になりました。すると15分ぐらいして、学年副主任のＨ先生が様子を見に来ました。二人のやりとりを体を硬くして聞いています。私は、

「Ｈ先生、みんなにもう少し待っていて欲しいと言ってきてくれ」

と指示をして、また校長との押し問答が始まりました。少しして先ほどのＨ先生が、心配になってまた見に来ました。

時間だけがさらに過ぎていきます。とうとう予定を一時間オーバーしました。すると校長が、
「分かった。私は首をかけよう。気を付けて実施してください」
と折れたのでした。
「ありがとうございます。気を付けて行ってきます」
と大きな声で言うと、校庭の皆の待っているところへ走っていきました。もう事前に充分指導してあるので注意もそこそこにすぐに出発です。

前年の6年生が初めて計画して無事に実施できていたのでその様子を先輩から聞きかじって、自分たちもそれができると楽しみに待っていた子もいました。私たち担任もそのつもりで準備をしたり、子どもたちと話し合ったりしてきていました。しかしこの年に校長が代わっていたのです。私も教頭に計画を提出したので校長には伝わっているものと思って直接話していなかったのが良くなかったです。

⑤ のんきな子どもたちと昼飯も食べられない教師

出発前にそんなことがあったことなど知るよしもない子どもたちは、予定にのっとってノンビリとコースを歩いていきます。集団行動で「前をあけないで。もっと右に寄りなさい」

第一章　高学年の子たちと〜分数から命の授業まで〜

などと言われながら歩くのとは違って、車の心配もない道を自由に歩くのは楽しそうです。

　私と副主任のH先生は"絶対に事故を起こさせないようにしよう"と固い約束を交わしました。私は、バイク通勤をしている先生からバイクを借りて子どもたちの様子をチェックしました。車の運転ができないH先生は、自転車で子どもたちのチェックポイントを確認していきました。

　子どもが提出した地図と同じものを教師も保護者も持っています。そこで、
「〇組の●班は、もう通過しましたか?」
　と聞くと、
「はい。〇時△分に通過しました」
というように答えてもらいます。ところが、なかには、
「もう通過予定時刻をとっくに過ぎているのに、まだ□組■班は通過してないのです」という答えが返ってくることが時々ありました。もう頭が真っ白になります。バイクのスピードを上げてひとつ前のチェックポイントへ走ったり、次のポイントに聞いたりしました。ところが教師の心配をよそに子どもはのんきなもので、
「一本早く曲がりすぎちゃったけど戻るのが面倒だったからそのまま次へ来ちゃいました」

「どうせ、次のポイントで合流するから良いだろうと思って……」
「えっ、この道って間違えていたの？ あら、そうだわ」
とか、実にのんきな返事でした。
『保護者にポイントチェックをしてもらうこと』を事前指導していたのに現場に来るとこの調子なのです。おかげで私もH先生も昼食さえ食べることができずに走り回っていました。とりあえずほぼ時間通りに全グループが無事到着したのを確認した時には本当にホッとしました。

column

事前計画と責任のとり方

テーマ別に実施したこの年、私はこの学校で初めての学年主任を経験しました。どんな時でも"子どもに最高の経験をさせたい"と意気込んでいましたから、このセカンドスクールについても通り一遍の行事で終わらせたくありませんでした。そしてこの『テーマ別に』もとても良いことだと強く思い込んでいました。それなのに安全については「なぁに、昨年の6年生もやって無事だったんだから大丈夫だろう」と軽く考えていました。学校

第一章　高学年の子たちと〜分数から命の授業まで〜

の外に出て学習するという校外学習は危険が伴います。計画して万全と思っても、事故が起こることはあります。これまでは事故が起こらなかったのに何で今年は……ということもよくあることです。私の計画は万全だったのか、何かあったときにどう責任をとるつもりだったかを考えると、子どもの命を預かっている者として「初めての学年主任だったから仕方ないよ」では済まされないのです。昨年の先生方にももっと具体的に話を聞いてしっかりした計画を立てておくべきだったと痛感しました。

　この日の経験は私にとっても強烈でした。私はその後校長になりました。若かった私は、あの出発前は校長を恨むことしか考えなかったのですが、当然普通のルートで出発するものと思っていた校長にとっては、突然あのような『無謀な』行き方をすると聞いたら私も同じような行動をとったかもしれません。そうして"首をかける"と言って最後には許可をしてくれた校長に感謝もするのでした。

7.「オペレッタ」を2度実施

　私はどんな学年・どんな学級を受け持っても、いろいろなスポーツのワザを習得させてあげたいという気持ちがありました。子ども時代はワザの習得が早い上に、体が覚えたことは忘れることが少ないからです。また多くの種目を運動すれば、自分もけっこう運動ができるのだという自信を生むこともでき、生涯スポーツとしても良い影響が出るのではないかと考えていたからです。学校には特色ある経営が認められていて、他の教科に力を入れているために体育の指導にはあまり熱心ではないというところもあります。

　転勤した学校では理科教育を通した学びが特色でした。私はその学校の特色を実践する以外に、私自身が自分の特色を生かすという意味で体育にも力を入れました。体育の時間に子どもを鍛えるのは当然として、その延長上の休み時間や放課後などでも自分の時間があるときは子どもとともに体を動かしたり指導したりしていました。子どものワザの習得は、体育を特色として一年生から系統的・計画的に鍛えてきた前任校ほどではないにしろ、鍛え始めるとダイナミックな技も案外身に付ける

ことができることを実感するようになっていきました。この学校では目立つワザができる子は少なかったので、私の学級の子は低学年や中学年には憧れの的となっていました。子どもも「すごい」「カッコいい」と言われるのはうれしいので練習も恥ずかしがらないでやっていました。

① このワザを生かしたい

　日が経つにつれてできるワザも増えてきました。市内陸上大会の高とびで1m53cmの記録を作った子も出て、男子はジャンプ力を使った力強いワザを好むようになってきました。そこで試しに男子にはロイター板を2枚重ねて高とびのバーを越える飛び込み前転をさせてみたところ、1m78cm記録まで出ました。一方、女子は柔軟性を生かしたきれいなワザに仕上がってきました。

　卒業が近づくにつれて、私はこのワザを使って何かできないだろうかと考え始めました。そうして行き着いたのが「ワザを取り入れた劇をしたい」ということでした。台本を探しているうちに、オペレッタ『みにくいアヒルの子』を見つけました。これはちょうどよいと思いました。私の学級は42人で、全員が何らかの部活動に入っています。目立つのはポー

トボールなどの運動系ですが、合奏部と合唱部もよく練習をしてコンクールにも出ています。運動と音楽が組み合わさって、しかも「初めはみにくいとバカにされてアヒルたちからいじめられていた鳥が、その後は白鳥として成長して大空を飛び回る」というストーリー展開は、この2年間の子どもたちの成長ぶりにも似ているのではないかと思い至ったのです。

　体育館のステージでおこなうという場所の制約上、ワザを披露するのはロイター板を使って飛び込み前転で跳びあがり、白鳥が空を飛んでいるという情景を表す場面にしました。歌の主役は合唱部の子がリードしてバックコーラスに他の子も入る構成にしました。新聞紙を何枚も貼り合わせて強度を上げてその上に模造紙を貼って作った背景は縦3m横7mにもなる大型の画面となりました。大道具に小道具、会場準備も児童全員が参加して、20分くらいに収まったオペレッタは保護者の前で堂々と演じられました。2年間の学習の総合的なまとめとしてオペレッタはこの学級の宝物となって心に残る思い出になったのでした。

② 転勤先では学年全体で挑戦
　転勤した習志野市内の学校は、卒業間近になったときに「卒

業生を送る会」がおこなわれることになっていました。たいていは卒業生への感謝の言葉を間に入れながら合唱と合奏をするのが各学年のほぼ原型です。6年生もそれに対して学年の全員合唱などをおこなって返礼とするのがこれも定番です。

しかし、転勤してすぐにまた6年生を担任した私は「オペレッタで返礼をしないか」という提案をしました。学年の他の担任も「それはいい」と乗ってきました。そして、教師が前に出るのではなくて子どもが中心となっておこないたいと付け加えました。

それには他の担任も「できるかなあ」「どのくらいの口出しをしたらいいかな」と思いながらも賛成してくれました。というのも、この4人の担任はどんなことでもまず"子ども中心"を徹底しており、そのためならば互いに協力は惜しまない結束ぶりだったからです。

③ オーディションに殺到

子どもたちにオペレッタをすることを伝えました。また、期日の関係で教師がオーディションをすること、作品も教師が選定するがその後は全てを子どもに任せることを告げました。作品はこの子たちの一年間を創作したものにしようかと

いう案もありましたが、時間もなくまた4つの学級が個性的に過ごした一年間であったので既存の作品にしようということになり『白雪姫』に決まりました。

オーディションは役者、大道具、小道具、照明、ディレクター、バックコーラスというように細分化して募集しました。何しろ学年で一つの作品を作るので、160人全部が何らかの役につくためには細かく分けなければいけません。各学級で何をやりたいか予備調査をおこなうと役者が一番多いという結果だったので、まず役者からオーディションをおこないました。

音楽専科の教師にも審査に加わってもらって選考です。昼休みに「希望者は音楽室へ集まるように」と伝えたところ、何と130人もが押しかけてきました。男子は小人か王子様しか役がないことを知っているので応募は少ないだろうと思っていましたが、それでも50人以上が来ました。

この一年間、最高学年としての子どもの活動に対しては、どんなことでも積極的に関わって『思い出になる一年にしよう』と進めてきました。児童会の役員でも地域の子ども会活動でも、何かというとやりたがるように仕向けてきました。立候補をした子がたとえ落選したとしても立候補をしたという思い出は作れます。でも『やらなければ思い出にさえなら

ない』と言っては積極的に行動するようにと指導してきたことがこのような結果になったのだろうと思います。

　なんとか役者を決めました。子どもを見ていると、小人役に落ちて泣く男子が数人いました。聞くとその中の一人が、
「ぼくは、これまで立候補をしなくちゃと思いながらも勇気がなくてとうとうできずに来ました。今回、これが最後だからと初めて立候補をしました。落ちたのは悔しいですけど立候補できたことはうれしいです」
と言うではありませんか。私たち4人の担任は、こういう子が出てきてくれたことを喜ぶとともに一年間苦労してきたことが間違っていなかったと確信しました。

　その後、160人に仮の役を付けました。ディレクターは最後に決定しましたが、それは役者の次に人気があったからでした。予想通り、他の役割には目もくれずディレクターに向かって一直線という子が数人おりました。子どもたちは、舞台に上るだけが喜びではなく創造的な役割に就くことも好きなのです。演出家の真似事ができるので喜んで応募してきました。こういう子どもの希望をなんとか調整して練習が始まりました。あれほど役者にこだわっていた子も、始まれば納得して自分の担当を全うします。みんなで良い舞台にしようという意気込みが伝わってきます。

本番のオペレッタそのものはうまくいきました。でも卒業期の時間がない時期にやったのでどの学級もとても忙しく過ごすことになりましたが、学年の結束に一層のものが生まれて卒業式の練習や卒業制作は短期間でもすばらしいものを仕上げました。この子たちは卒業後は同じ中学校へ行くのではなく学区の関係で二つの中学校に分散してしまうのです。『みんなでやるのは最後になるから協力しようね』を合言葉にしてがんばったのでした。その心のよりどころになったのが「オペレッタ白雪姫」だったと思っています。

column

自己評価できることと発表の場

　この実践では初めからオペレッタをするという計画をしていたわけではありません。体育は、指導の仕方によっては自分で『伸びたこと』が実感でき、自分から進んでやりたくなることに向いている教科です。また、できるようになってくるともっと難しいことにぶつかったときにも我慢してがんばるという忍耐力を付けることができます。自分でも進歩が自己評価できるので主体的に取り組むようになりスパイラル的に進歩することが多いので

す。

　そうなってくると、見てもらいたい（見せたい）という気持ちも芽生えてきます。見せたいものがあるから表現したくなるのです。私は若年教師だった頃に、描きたいことがないのに「写生会があるから描きなさい」と無理に絵を描かせていたことがありました。当然感動するような絵は描けていませんでした。その後の学校で先輩からいろいろと指導されるうちに「宮﨑学級の子は描きたい生活をしているから描いているというのがよく分かるよ」と図工主任の先輩教師から言われた時は本当にうれしかったのを覚えています。

8.「卒業式をボイコットしよう」

　普通ならばとても考えられないことですが、卒業式を間近にした3月のある日、子どもたちが臨時の学級会を開催してほしいと言ってきました。内容は「卒業式に参加したくない」という一部の子の提案をみんなで話し合いたいというものでした。もう練習は始まっています。練習にも熱が入ってきた時でしたが、その練習そのもの

に問題があるというのです。

　当時は大学生による学生運動が盛んで、デモの様子が報道されていました。大学の封鎖で卒業式が実施できずに事務室で卒業証書を受け取るだけの大学生の姿もニュースで報じられ、目にした子どもも多くいたはずです。私の学級の子どもたちはそれを見て、「当たり前と思っていた卒業式をやらなくていいという選択肢もある」ことを知ったのでした。私は、小学生だし言いたいことを言わせれば落ち着くだろうと高をくくっていました。しかし、日頃から「自由に考えなさい」と強調してきたとはいえここまで育ったのかと思う反面、子どもたちの主張にも一理あると思える理論的な提案の連続で、本当に卒業式ができなくなるような流れになってきてしまい慌てました。

① 厳しい練習

　卒業式は学校の大切な儀式です。その主役は言うまでもなく6年生の子どもたちです。これまであまり集団訓練をしてこなかったので、返事の仕方や歩く姿勢、その他の所作がデレっとしていてしまりがありません。
「君たちは主役なのだからもっとピシッとしなさい」

第一章　高学年の子たちと〜分数から命の授業まで〜

「もっと大きな声で返事をしなければ、お父さんやお母さんが恥ずかしく思うだろ」
　と連日1〜2時間かけて教師から怒鳴られながら子どもたちは練習していました。
「今日は3時間目と4時間目が卒業式の練習だよ」
　と言うと、
「え〜、2時間も。やだなあ」
　という声がよく聞かれました。主役だからと熱心に指導する教師の思いとは裏腹に、子どもは「主役らしくしっかり練習しよう」とはそれほど思っていなかったようなのです。

② もめる学級会、ボイコットに傾きかける
　そのような中、ふだんはおとなしくてあまり目立たないMくんが、
「臨時の学級会を開催して欲しい。ぼくは卒業式に参加したくないと思っているんだけど、みんなはどうなのかを知りたいし、できれば卒業式を中止して欲しいから」
　と言うのです。日頃から子どもが主体的に考えたことであれば何よりも優先してきましたので、このことだけを認めないというわけにはいきません。私が「いいよ」と気楽に言って学級会が始まりました。

Mくんが提案理由を言います。するとその内容に初めはあっけに取られていた子どもたちでしたが、見る見るうちに顔つきが変わってきました。ほとんどの子は、学校で決まっている卒業式を中止するなど考えたこともないでしょうから無理もありません。Mくんの、
「毎日毎日、ぼくらは先生に厳しく指導されている。でも6年間やってきてそれしかできないのならしょうがないと思う。今になって急にもっとちゃんとやれ、それじゃ家の人に恥ずかしいだろと言われても、これが6年間の僕なのだからこのままの僕を見せるのが卒業式じゃないかと思うんだ」
　と言うのです。そして、
「無理して僕らしくない姿を見せたって家の人は喜ばないと思うから、そんな卒業式だったら僕は出たくないしやらない方がいいと思う。卒業証書は事務室でもらえばいいんだから」
　と続けるのです。考えたこともないことに対して一気に情報が入ってくると「その通りだ」と思ってしまうのは大人でもよくあることです。他の子どもたちの意見も大部分はMくんに賛成するというものでした。
　そんな中、一人で「卒業式はやろう」と踏ん張っていたのがKくんでした。
「僕らは今まで学校でいろんなことができるようになってき

た。でも、できるようになってきたことを全部見てもらうことはできない。そんな成長したぼくらなのにかっこ悪い姿しか見せられないなんて悔しい。やっぱり『すごいね、よく成長したね』と思ってもらえるような姿で参加したい。まだ卒業式まで何日かあるじゃないか。姿勢もしっかりしてよくできるようになることも勉強の一つだと思う」

と言うのです。するとつられるように、

「もう卒業式に着る洋服も用意したもの。私たちの姿を見るのを楽しみにしている親も多いだろうし、私はやっぱり卒業式はやるべきだと思う」

という女子の意見も出始めました。でも少数です。こうなると私の出番ですが、子どもからの提案でしたから一方的に私が結論を出すことはできません。そこで、

「今日、急にこの問題が出されて考えがまとまっていない人も多いと思います。時間はあまりありませんがここですぐに結論を出さないでまた明日話し合うことにしたいと思います」

と言って、この場は引き取りました。

③ 学年主任の学級との合同学級会

その日の放課後、学年主任のY先生に、

「子どもたちの考えが予想に反して意外と強硬なのにはびっくりしました。でも万が一、参加しない方向に行くようなことがあったとしても強制してでも参加させるようにしますからご安心ください」

と、内心ではびくびくしながらも今日のことを話しました。するとＹ先生は、

「それじゃあ、子どもがかわいそうよ。納得しないにもかかわらず強制的に参加させられるなんていうことになったら子どもたちが一生懸命に考えたことが無駄になるじゃないの。何よりも宮﨑さんがこれまでやってきた『子どもの考えを大事にする』ことと矛盾するじゃないの。最後までその姿勢を貫かなくちゃ」

と、デンと構えた感じで言うのです。

「でも、それじゃ卒業式が台無しになっちゃいます」

と、私は子どもたちが卒業式に参加しないかもしれないことが心配でパニック状態のようになって言いました。それでもＹ先生は、

「いいじゃないの、それが子どもたちの出した結論だからというのなら。でも、明日私のクラスの子どもたちと合同で学級会をしない?」

という提案までしてきました。私は、

「それじゃあ、先生のクラス（6年3組）の子までうちの子どもたちに巻き込まれるかもしれません。2つの学級とも参加しないことになっちゃったら困ります」

と、必死で合同学級会の提案を断ろうとしました。今日の私の子どもたち（6年2組）は、参加しないという意見が大勢を占めていたからです。

「大丈夫。その時はその時よ。明日の3時間目あたりでいいかしら?」

と時間まで提案されたのです。私は、断ることができなくなりオーケーを出しました。

④ 不安なまま迎えた合同学級会

不安な気持ちで合同学級会を迎えました。3組の子どもたちは、どんな内容で合同学級会をするのか全く聞かされていません。Y先生から急に、

「これから2組の教室へ行って、両方のクラスが合同で話し合いをするから」

とだけ言われてきたのでした。

提案したのは私の学級のMくんです。昨日、自分の考えに賛成してくれた人が多かったことから少し気を大きくして堂々と提案しました。一方3組の子はびっくりしました。何

が始まるかも知らないでやってきたら、いきなり「卒業式をボイコットしよう」と言うからです。すぐには誰も何も言いません。

　静かな時間が流れましたが、そのうちに、一人、また一人というように考えを言う子が出てきました。しかし、その発言の仕方に私はびっくりしてしまいました。それは大きな声で発表するのではなく、淡々とつぶやくような言い方なのです。その発言の仕方に驚いてしまっていた私は発言内容をよく思い出せないのですが、おおむねうちのクラスのKくんの主張に似ていたように思います。
「2組の人の言うこともよく分かるんだけどね、私は、こう思うんです……」と話す内容は、説得力に満ちた自分の言葉なのです。提案したMくんの発言も頭から否定するのではなく穏やかに認めながら、でもぼくはこう思うんだけどという言い方です。相手を尊重した民主的な話し合いの仕方が身に付いていると私は実感しました。

　私の前任校では体育の研究校ということもあって「発言は元気よく」「聞いている人に分かりやすく大きな声で話しなさい」というのが当然だと指導され、この学校でもそのように指導してきました。ここまで子どもを育てることができるのかと教師の指導力の差に愕然としました。

第一章　高学年の子たちと〜分数から命の授業まで〜

　後日、先輩のT先生にこのことを話すと、
「そうだよなあ。手を挙げようとしている子の中には、挙げたり下げたりしながらどっちかなあという感じの子がいるもんなあ。そういうときに『挙げるのか挙げないのかはっきりしなさい』と言っちゃうことがあったよ。でも、そういう時ってたいてい下げるよねえ。パッと挙げちゃう子よりも、挙げようとしながらもまだ考えているという子こそ大事にした方がいいよね、形じゃないもんなあ」
と言われました。形も大事ですが子どもの心の内側を知るのは形式ではないのではないかとその時に感じました。
　この合同学級会はだんだん3組の子の意見に同調する子が多くなってきました。するとY先生は、「どうするかは、2組の人たちでよく考えて決めてください。3組の人はここまでにして自分の教室へ帰りましょう」と言って引き上げていきました。
　2組だけになってどうするか改めて聞きました。もう結果は決まっています。「卒業式に参加する、しっかり練習して成長した姿を見てもらおう」ということになりました。私もホッとしました。

column

教師の当たりはずれと指導力

　子どもは、教師を選ぶことができません。だからでしょうか、保護者の中には担任が決まった始業式に『当たり』『はずれ』と教師を評価している人もいるようです。でも教師には個性があり、一面的なことで当たり・はずれを評価されてしまうことには違和感があります。どの教師も完璧ではなく苦手なことがあります。でも、その先生ならではの良い面が必ずあります。

　そうとは分かっていても、この合同学級会はどの教師が担任するかによって子どもの成長に大きな差が出ると強烈に感じさせられてその後の教師人生に大きな影響を与えられた出来事でした。その後は『教師としての力量をつけなければ』と常に感じながら指導力に一層の磨きをかけるべく実践するようになりました。

　それにしてもY先生があそこまで子どもたちを信頼しきっていたことに今でも驚いています。もしベテランと言われるような経験を積んだ後に私に同じような相談が持ち込まれたら、私は「いいよ、私のクラスと一緒に合同学級会をしてみよう」と平然と言うことができる程自

分のクラスの子どもたちを信頼しきれた学級を創ってきただろうかと思うと疑問です。

　この前後にも6年生を何度か担任しました。同じように取り組んできたつもりですが、このように「卒業式をボイコットしよう」という流れが生まれたのはこの時の学級だけでした。子どもたちはそのときの実態でさまざまなことを考えますから、同じように指導してきても必ずしも同じように進むとは限らないのです。

第二章
高学年以外での実践

　私の学級担任経験は17年でした。内訳は6年生が6回で一番多く、あとの学年は1〜3回でしたが5・6年の高学年が合計9回で半分以上でした。私が勤務した高度経済成長期の首都圏は、圧倒的に女性教師が多く、男性教師が低学年を担任することは少ない実態がありました。にもかかわらず、1年生の3度をはじめ全学年を担任できたのは幸運でした。同じ学年を複数回経験できることは、教材を違った視点から扱ってみるという研究的な取り組みには好都合だったのでさまざまなことに挑戦しました。また高学年を持つことが多かったせいか「○年生のときにこういう力をつけておいてくれたらなあ」と感じることがあったので、違った学年の時はそれらに力点を置いて実践できるという楽しみもありました。

1.【1年生担任】国語の授業は掃除の時間

　入学して1カ月足らずの時期に子どもたちはひらがなの文字を習い始めます。「1年生になったらしっかり勉強します」と言いながら入学してきた子どもたちは、いよいよ勉強らしい勉強をするので張り切っていました。しかし、ノートに書く文字を見て私はこれではダメだと感じました。

　まず鉛筆もしっかり握れない子がノートの狭いマスの中で「とめ」「はね」「はらい」などを身に付けられるのか、一応の形は書けたとしてもヘンな癖のある文字になるのではないかと直感したのです。以前1年生を担任したときにはそういった子どもの姿を見抜く指導力を持っていなかったのでそのまま文字を書かせてしまい、学年の後半になってから文字が上手に書けていないことに気づいてあわてたのを思い出しました。

　そこで繰り返して大きく書かせる方法を採り入れることにしました。

① 一体、何が始まるのでしょう
　以下は、この方法に慣れた頃の様子です。

「机に座るときと同じように並んでください」

　という指示で子どもたちは教室の座席順に並んで床に座ります。どの子もニコニコしています。今日習うひらがなのお題はそのときに初めて発表します。

「きのうは強い風が吹いたねえ。だから今日は『あらし』という字の練習をしましょう。最初は『あ』を復習します。上手に書けるかなあ。まず、空に書きましょう」

　と言って、私は左手を大きく上げて、まず右から左へ横線を書きます。私は子どもたちと向かい合っていますので、私が左手で逆に書く（鏡文字）と子どもと同じ向きになります。これなら子どもの顔も見ながら書けるので、間違っている子がいたときもすぐに分かります。

「次は縦線ですよ。でも、下のところはカーブにするんでしたね」

　と言いながら、私の左手は下に来たら左側にカーブします。ここでも子どもと同じ方向です。

「最後は、ま～るくするんですね。ここのところを突き抜けないといけませんよ」

　と説明しながら一緒の向きになるように書きます。子どもたちも私と一緒に大きく書きました。

「さあ、もう一回ですよ。今度は自分だけで書いてみましょ

う」
　と言って、私は「1、2、3」と、ゆっくり号令だけをかけました。
「〇〇さんは、横線をしっかり止めていましたね」と注意すべき箇所では、指示を守った子に褒め言葉を言うことがありました。そして、
「さあ、それでは床に清書をしましょう」
　と声をかけました。すると子どもたちは、
「は～い」なのか「わ～い」なのか分からないようなうれしそうな声をあげて、床のタイルの思い思いの場所へ手に持っていたサインペンで『あ』を大きく書くのです。このようにして『あ』が書き終わりました。
「さあ、できましたか。次は『ら』ですよ」
　と言って、私に合わせて『あ』のときと同じように空で2度書かせ次いでサインペンで床に書かせました。
「最後は『し』です」
　こうして床にはサインペンで一人ひとりが一文字ずつ書いた「あ・ら・し」が、子どもの数だけできました。

② ひらがなで鬼ごっこ
「さあ、では鬼ごっこですよ」

と言うと、私はタンバリンを取り出してきて、
「一度しか言いませんよ。よく聞いてください。タンバリンが一つ鳴ったら『し』、二つは『ら』、三つなら『あ』です」
　と素早く指示を出しました。私にとっては『し』は一画、『ら』は二画、『あ』は三画というように画数とタンバリンの数が結び付いているので覚えやすいのですが、子どもはそれに気づいていません。音の数と文字とを対応させて動くことが要求されているのです。
「よ〜い、バン・バン」
　とタンバリンを鳴らしました。言うや否や、子どもたちは『ら』の字を目がけて移動開始です。私は10までの数を数えた後に、
「タッチ！」
　と言って一人の女の子に手を伸ばしました。他の子はみんな『ら』が書かれているタイルのマスの中に立っています。私に触られた子は、
「あ〜あ、捕まっちゃった」
　と言って私からタンバリンを受け取りました。体が小さい1年生なのでタイルのマス目に入って立っていても隣の子とぶつかりません。足の間からは『ら』の文字がのぞいています。私は、

「みんなの立っている所の『ら』は、きちんと書かれていますか」

と聞きました。

「だいじょうぶです。最後のところは、すうーっとはらっています」

「点も、はねています」

「私のところの字は、先生みたいに上手です」

「ほ〜、先生みたいに上手ですかあ。〇さんは褒め方も上手ですね」

と誰が書いた文字かは分からないけれど互いにチェックし合います。この国語は床のタイル一つにサインペンで書くので大きな字になります。ですから小さく書いたら見つけにくい「とめ」「はね」「はらい」などの間違いも互いに見つけあうことができるのです。そのうちに、

「もういい？ じゃ、いくよ。バン・バン・バン」

と私にタッチされた子がタンバリンを鳴らしました。

「え〜と、三つだから〜、『あ』だ。あ、あ、どこだどこだ。あったぁ」

と今度は『あ』が書かれているマスをさがすのに教室中が大騒ぎです。人数分の文字はあるのですが、早く見つけた人から場所を占領して得意そうに立ってしまっているので、他

の子に入られた子は、
「チェッ、遅かったあ」
　と言いながら、他の場所を見つけます。文字でおこなうフルーツバスケットのようなものです。私も加わるので必ず一人は入れない子ができてその子が鬼になります。
「せんせ〜い、この『あ』の字はカーブができていないよ」
　と誰かの書いた字に批評をしている子もいます。他の人の文字を見るので鬼ごっこをしながら国語の復習にもなるのです。すかさず私は、
「では、Aさんが気づいてくれたことを、みんなでもう一度おさらいしましょう。『あ』ですね。い〜ち、に〜、さんはマルを書くようにして最後ははらいます。できましたか」
「は〜い」
「では、鬼ごっこを続けましょう」
　とこのようにして何度も繰り返すのです。

③ 文字を消すので拭き掃除の勉強
　何度か繰り返して、そろそろ満足しただろうなと思った頃に、
「では、ぞうきんを持ってきてください。それから今日の水係は一班です」

というように私は声かけをします。そうして、

「それではバケツの前に一列に並んだら、しゃがんで先生の方を見てください」

という指示を出します。

「ぞうきんは、このように広げてバケツの中でよくすすぎます。そのときに勢いよくやると水がバケツからこぼれてしまいますので丁寧にゆっくりやりましょう」

と、ぞうきんのすすぎ方の指導を始めます。子どもたちには、まずぞうきんをバケツに入れないでその場ですすぐ練習をさせます。

「次はしぼります。しぼり方がゆるいと水がポタポタ落ちてきれいな掃除になりません。力持ちの人はギュッとしぼれるでしょう。このときも水をバケツの外に垂らさないようにしましょう。分かりましたか」

「は〜い」

「では、しぼった人から床掃除を始めましょう」

というように進めます。ぞうきんがしぼれた子は四つんばいになって教室の前から後ろまで床を拭き始めます。

「〇〇さんは膝を付かないで拭けてるねえ」

「●●さんは、まっすぐだね」

「△△さんは、早いねえ」

「〇●さんは、隅の方まで残さないで拭いているねえ」

　と私は拭いている子を褒めながら一人ひとりの様子を見ています。床の文字は水性のサインペンですからすぐにきれいになりました。

「さあ、そろそろ終わりにしますよ。ぞうきんをゆすいだらきつくしぼって机のところにかけましょう。そうしたら教室へ机を運びましょう」

　という私の指示で、子どもたちはいっせいに動き出しました。馴れてくると動きに無駄もなくなり短時間でできるようになります。

④ この学習の意義はなんでしょうか

　この勉強方法について、「どうしてあのような授業を考えたのですか」とよく聞かれました。私は、

「日頃の子どもたちを見ていると、まだまだ45分間をじっとイスに座って授業するなんて難しそうですよね。そこで体を動かしながら、しかし勉強が定着するようにと考えた結果です」

　と答えるようにしていました。それでも疑問が解決しない人からは、

「失礼ですが、子どもたちは楽しそうですが勉強としての効

果はあるのですか?」

　ともよく聞かれました。私は、

「床のタイルですが30cm四方です。握力が弱いことなどが原因で指先がまだ不器用な子もいますから、正確に書くには大きなマス目が必要な子もいます。ですからノートに小さく書いたのでは見つけにくい間違いも互いに見つけ合うことができます。書く回数は少なくても、きちんと書くので正しい文字が身に付いていくのです。もちろんこの後にはノートに鉛筆で書き取りもしますよ」

　とも答えます。

　私自身も、子どもの頃に何度も何度も同じ漢字の書き取りをした宿題の記憶があります。初めに間違えるとそのままずっと一列が同じ間違いで続いていた子どもの頃の学習は、ただ文字数をこなすだけだったようです。つまり宿題は覚えるためのものでもきちんと書くためのものでもなく文字数をこなしさえすればよかったのかもしれないのです。

　まだまだ質問が続くこともありました。

「でも、それを鬼ごっこや掃除と結びつけるのはどういう発想だったのですか」

「鬼ごっこは子どもが好きな遊びです。一生懸命に覚えるとご褒美に遊べるという意味で真剣に覚えることにつなげまし

た」
「だから、さっきは他の児童の文字を見つけてそれをまた復習することを繰り返していたのですね」
　たいていはこのくらいで終わるのですがなかにはさらに質問する人もいます。
「それが国語から鬼ごっこ、そして掃除という一連の学習となるのも、楽しく学ぶという点で同じような発想ですか」
「最後の掃除は、これも真剣に、しかし楽しく身に付けることをねらいとしています。書いた文字は水性ペンですから水拭きですぐに消えます。絞り方やまっすぐな拭き方も学べますしついでに体力づくりにもなりますしね」
「国語だけでなく、ほかの授業でもこのようなことをしているのですか」
「このように水性ペンを使うのは算数の数字を学習したときだけです。そのときも同じようにやりました。今後新しい漢字の学習のときにはおこなうこともあります。しかし、握力が付いて指先の器用さも身に付いてもうノートだけの学習でも充分ではないかと判断したらタイルに書くというのはストップします。学習はいつも子どもたちの実態に応じておこなうものですから、楽しいからといってずっと続けていていいというものでもありません」

「なるほどね。子どもの発達に応じて違う形の楽しい授業を求めていくと解釈してよろしいですか」

「そうです。それに私は、教師の都合でぶつ切りの授業をすることがないように意識しているつもりです。子どもの興味や意識が乗っているときであっても、教師は『はい、やめ。次は〇〇ですから片づけましょう』というように中断させて次のことに入っていくことを若い教師時代はやっていました。まだ続けたくて片づけがグズグズしている子には注意をしたり、けじめが付かない悪い子というレッテルを貼ったりしました。でも私は、このような扱いは子どもの心に強引に入っていく教師の横暴だと思っています」

「ははあ、そういうこととも関連しているのですか」

「子どもは、ここまでは国語でここからは算数だとか思っていないと思うんですよ。教科の枠組みは大人が勝手に作っているものです。ですから本来は内容で結びつけるといいのでしょうが、内容に関連がないときはせめてモノ（素材）が同じであるならば子どもの意識はつながるのではないかと考え、このような総合的に考えた試みをしているのです。結果的に子どもは、"楽しい授業"だと言ってくれていますけど、形はそれぞれに工夫しながらどの授業でも楽しいと感じてもらえる授業を求めています」

というように話が発展していくこともありました。

column

能力のない教師は忙しい

　2学期になり図工の作品コンクールがありました。写生をするために校外へ子どもを連れ出す許可をもらいに校長の所へ行きました。すると校長は「ちょっと来て」と言って私を廊下に連れ出しました。そして掲示してある昨年の作品を見ながら「これは授業の様子だろ」と言いました。3年生のヘチマの成長の授業の様子が絵になっています。校長は、

「能力のない先生は忙しいんだよな」

　と付け加えました。そして、

「いい授業をして授業が充実していれば子どもは描きたくなるから、この絵はイキイキしてるだろう。コンクールでも入賞しているんだ」

　と言いました。確かに人物の表情がイキイキとしています。大きく成長したヘチマを見上げる子どもに動きもあります。校長は、

「3学期には文集を作るので子どもに作文を書かせるこ

第二章　高学年以外での実践

とになっている。宮﨑さんのやり方じゃあ、今度は作文のために何か行事を作ろうと無理にやるんじゃないかな。この先生は、今度はヘチマの授業の様子を作文に書かせている。いい作文になって作文コンクールでも入賞している。つまり良い授業をするから絵にも描きたくなるし作文にも描きたくなる。表現ってそういうものじゃないのかい」

と言いました。全くその通りです。校長はさらに、
「子どもは一生懸命に世話をしたんだろうなあと伝わってくる。絵に描きながらその時の授業の様子を振り返りまた授業が深まっていく。作文に書くからまた授業を思い出してさらに深まった授業になる。あなたのように外へ連れ出す候補地を選んだり予定や安全計画を立てたりするとますます忙しくなる。いい授業をする教師は忙しくない。良い授業をしていれば放課後に残したり宿題を出したりしなくても済む。一つのことを単発でやるのではなく、複数のことを関連付けて構造的に総合計画を立てて実践していくのが能力のある教師なのだ。そういう能力があれば無駄なことをして忙しくなることがなくなる。これからは授業を構造的にとらえるようになるとあなたはもっと伸びるだろう」

と付け加えてくれたのでした。

　それからの私は、何を実践するときにも可能な限り『この実践では他のどんなことと関連するかな』と総合的に授業を構想するようにしていきました。

2.【2年生担任】屋上にプールを作っちゃった

　次に転勤した学校では、プールでの死亡事故があってから遺族の気持ちを慮(おもんぱか)ってかプールを取り壊し、その後10年が経過してもなお作り直されていませんでした。私は赴任してから3年目に2年生の担任となり、6月に理科で「くうき」の授業をしていました（今は、2年生の理科は生活科に変わりました）。ビニール袋に空気を捕まえて乗ったり突いたりしました。また閉じ込めた空気を一気に吐き出して風を起こしたりしながら「空気というものは『無』なのではなく存在している」ことや、「閉じ込めた空気には力がある」ことを体感を通して理解させる授業をとても楽しくやっていました。

　子どもの活動はどんどん発展して「こんなに楽しいことができるのだから大きなビニール袋ならばもっといろ

いろなことができるだろう」という発想になり、自分も入ってしまうような大きなポリ袋を求めてダイナミックな活動になっていきました。

　そのとき私の脳裏に浮かんだのは、以前勤務していた学校で2年生がプールの中にビニール袋を持ち込んでその上に乗って空気のすごい力を体感していた授業の様子でした。それは外側から力を加えて空気の力を知るだけではなく「自分が」浮いてしまうという体感こそ空気の力を体全体でつかむことになり、本物の知識となるのだという強烈な印象として胸に刻まれた授業だったのです。そして「ああ、何とかこの学校の子どもたちにも、あの強烈な印象を実感させてやりたいものだ。なんとかならないだろうか」と強く思いました。

① ビニールシートを分けてください

　前任校で隣の学級の保護者のなかに工業用ビニールシートを作る会社に勤務している人がいらっしゃいました。一度も会ったことはなかったのですが何とかなるかもしれないという淡い期待だけで会社へ伺いました。

　こういうわけで、授業のために学校の屋上にプールを作ろうと思っている。ついては工業用のビニールシートを少し分

けていただけないかと単刀直入にぶつけてみました。その方は会社での立場も上の方であったようで、私の熱意を快く感じてくださり二つ返事で「明日、会社へ来るように」とおっしゃってくださいました。翌日の放課後に会社へ伺うと既に大きくロールされたビニールシートが準備されておりました。私は借りてきた2トントラックにそれを積み込み勇んで学校まで帰ってきました。「これでプールが作れるぞ。水はああしよう、仕切りはこうしよう」とアイデアは次々に出てきました。

② 子どもたちとプールづくり

　屋上の床は、コンクリートの上にクッション性の薄いラバーのような塗料が塗ってあります。周囲は床面よりも50cmぐらいの高さでコンクリートの段があり、その上にフェンスが固定されています。しかも丁度良い具合に増築をしているので、屋上全体の3分の1くらいのところにさらに段差の仕切りがあります。ここまでを覆えば充分にプールになります。水が出ないように四方を覆わなければなりませんが、一方だけが開いています。ここは児童減で余っている机が倉庫にあるので運び込めば仕切りになるだろうと考えました。

　早速、翌日は子どもたちと倉庫から屋上まで机運びです。

暑い日でしたが、プールができるという喜びで子どもたちもがんばりました。ここまで校長先生をはじめ校内の誰にも計画を漏らしていませんでした。誰かに言えば校長の耳にも入り、そうすればストップがかかるのではないかという危惧があったからです。絶対にこんな無謀なことが許可されるはずがありません。だから極秘裏に進めたのです。

　この学校は本館と新館に分かれていました。学級のほとんどは新館の明るい教室にありました。本館は音楽室や理科室、家庭科室などの特別教室がほとんどでした。ですから倉庫から机を運ぶのもあまり見られず、たまに見られても大して気にも留められなかったようです。そうしてコンクリートと机とでできた壁の内側にビニールが張られました。ビニールシートをつないだり留めたりするのは、まだ乾いているので普通のガムテープで充分でした。見た目にもきれいなプールで大成功間違いなしという感じでした。

　全ての教師が帰宅した真夜中にたった一人で屋上へ上がり、屋上の一段上にある水道タンクの元栓バルブを開きました。これは直径10cm以上の消火栓のパイプでした。大きな蛇口をひねるとすごい勢いで一気に屋上の床面に落ちてきます。「やった〜。これでプールはばっちりだあ」と安心して私は家路に着きました。

③ 大失敗、なのに叱らない管理職

　翌日は朝食もそこそこに出勤しました。天気も晴れていたので、学校へ着いたら一時間目からプールで空気の授業をしようとワクワクとしておりました。

　ところが、学校へ着くといつもと様子が違います。職員室には誰もいません。廊下を走る先生やぞうきんを持った6年生などが駆け足で本館の階段を上がっていきます。階段には滝のように水が勢いよく流れていました。ここで、私は屋上プールが失敗に終わったことに気づきました。

　もともと屋上はプールのように水を貯める用には作られていないこと、まして本館は古いのでパッキンなども緩み隙間から水が漏れたことなどを知らされました。そこに許容範囲以上の水が大量に屋上に溜まったので雨漏りのようになって下の階に流れたのだと分かりました。学校中が朝から大パニックの中で、音楽室の楽器には水がかからなかったことが唯一の救いだったと聞かされたときは本当に胸をなでおろしました。学校中の先生方にどんな言葉でお詫びを言ったのか全く覚えていませんが、針のむしろのような一日でした。

　子どもたちが下校した後、こっぴどく叱られるだろうと覚悟を決めて校長室へ行きました。教頭、教務主任も揃っていました。型どおりの謝罪をした後に覚悟を決めて神妙にして

第二章　高学年以外での実践

いる私に校長は、
「子どもはがっかりしただろう」
　とだけ言いました。教頭は、校長がそれだけしか言わないので、
「もうやめるのかい?」
　と付け加えました。私は、
「えっ?」
　とだけ答えました。というより、それしか言えませんでした。これはどういう意味なのだろう。いつになったらきつく叱られるのだろうということだけを考えて構えているのに、想定していない言葉に頭の中が混乱してきました。すると今度は教務主任が言葉を挟みました。教務主任は優しい女性でしたが、全体がよく見える人でした。
「3人で話したんですよ。宮﨑先生は『もう懲りてやめるだろうね』って。でも3人とも、『宮﨑先生は子どもの気持ちを大事にする先生だから、もしかすると再挑戦をするかもしれないねえ』とも言っていたのですよ」
　という経緯まで含めた話をしてくれました。いつまで待っても少しも叱らないのです。

④ 後輩をかばってこそ先輩なんだ

　いい時代だったと言ってしまえばそれまでですが、本当に上司に恵まれました。動機は子どもに力を付けたいということであっても、また事前に最大限の検討をしたからと言っても、例えば無駄になった莫大な水道料金は誰が支払うのかということだけでも責任は免れないのではないかと思います。私は、子どものことを第一に考えるならば失敗も許してくれる上司であると知っていたので、いつも甘えさせてもらっていました。それがここでも出たのです。そうして、

「子どもの気持ちを大事にすることで責任をとりたいと思います」

　という生意気な言葉を吐きました。すると3人とも大笑いをしたではありませんか。顔を見合わせて、何度も何度も笑っては突っつきあったり手を叩いたりしています。

「宮﨑先生よ、みんなお見通しなんだよ。『宮﨑先生は何と言うだろうね』という話になったときに、きっとこんなことを言うのじゃないかなと予想したのが今言った言葉そのままだったんだよ」

「全く、あんたの心は読みやすくていいねえ。ま、がんばりなさいよ」

　そう言うと、校長も教頭も笑顔で私の肩を叩いてくれまし

た。なんという大きな心でしょう。私は、ますますこの上司に付いていこうという気になったのです。

　あとで教務主任が教えてくれた話によると、当然最初は「宮﨑をどう処罰しよう」という話になったそうです。しかし、それも「これによって宮﨑さんの良さまでなくなるようになってはいけない。それを最優先に考えよう」という話し合いだったそうです。その結果「反省は十分しているだろうから追い討ちはかけなくていい。逆に宮﨑さんの良さは子どものためなら何でもするというエネルギッシュなところなのだから、それが一層活かせるように考えよう」とむしろハッパをかけることで落ち着いたのだそうです。根底にある校長の考えを聞いて本当に涙が出ました。それは"若い教員はいろいろと失敗をするだろう。でもそれがやりすぎた上での失敗ならば先輩がかばってやろう。後輩のやる気をそがないようにかばってこそ先輩なんだ"というものでした。この言葉はその後の私の座右の銘になりました。

⑤ 再びチャレンジ
　いろいろな失敗があったにもかかわらず意欲を認めて叱らなかった管理職。これに応えないわけにはいかないとファイトが湧きました。次の場所は新校舎の屋上です。

今回は、もっと計画を綿密に立てました。まず、ビニールを張りガムテープで固定しました。次いで、水圧に負けないように本館の屋上へ運び込んだ机を新館屋上に移動させて二重、三重に固めました。最後に、その上からさらにガムテープでビニールを固定しました。

　準備完了。そうして水を少しずつ流しました。屋上は床に傾斜が付いているので低い方へ向かってゆるやかに進んでいきます。でも大丈夫。ビニールシートがしっかり受け止めています。だんだん水が溜まってきて、プールの格好が付いてきました。よく見ると机と机の重なり部分で角が丸くなっているところへ水が入り込んでたわみ始めています。でも"すごい水圧だなあ"と感心して見ていられるくらいですから大丈夫そうです。これなら明日はプールに入れそうです。このまま今回は学校の保健室に泊まりました。ときどき起きて屋上や最上階の教室を見に行くと水漏れで下に流れていることはなく大丈夫そうです。安心して仮眠に戻りました。

⑥ プールで授業する子の笑顔

　翌朝、子どもの声で目が覚めました。私の学級の子です。家が近い子が朝食前に見に来たのです。保健室の窓を開けて「大丈夫だよ。今度は入れるよ」と言って互いにニッコリし

ました。

　これまで私は、学校にプールがあるのは当たり前と思っていました。でも大人の諸事情で子どもに平等でない状況もあるのです。しかし、そんなことは子どもには分かりません。この学校ではみんながそうだから当たり前のこととして受け止めていたのでしょう。でも自分たちで作ったという気持ちもあるからでしょうが、これほど子どもたちはプールを楽しみにしていたのです。水深は60cmくらいだったでしょうか。それでも子どもには充分です。

　授業は大成功でした。水着に着替えそれぞれが大きなビニール袋を持ってきちんと整列して『理科の勉強のために』プールに入りました。約束を守って子どもたちはきちんとしています。どの子もそれほどまでに入りたかったのです。

　そうして、理科の目標である「空気の力はすごい」こともさまざまな活動の中から発見していました。特に子どもたちが喜んだのは、大きなビニール袋に自分が入って体全体が浮いているときでした。浮き袋に乗って浮いた経験はあっても、浮き輪の中に入った経験はありません。自分を丸ごと浮かせてしまう空気の力に感動して何度も何度も繰り返し体験していました。

⑦ 上級生も「ちょっとだけ遊ばしてください」と

　屋上のプールに行くには高学年学級の前を通らなければなりません。教室で水着に着替えた2年生がプールに行く様子を、汗をかきながら勉強しつつ教室から眺めていた高学年もとうとう我慢ができなくなって担任に直訴をしたようです。それで、
「宮﨑先生、うちの学級の子にも少し入らせてもらえませんか」
と、担任が恐る恐る聞きに来ました。私は、
「こちらこそ本館の水浸しで迷惑をかけたのですから、どうぞ、どうぞ」
と気持ちよく使ってもらいました。本当は他の学校なら当たり前のことなのにそれができないでいる本校の児童になんとか使って欲しかったのです。おかげで「うちも、うちも」と多くの学級が束の間のプール学習をすることができました。罪滅ぼしが少しできて私もほっとしましたし、子どものうれしそうな顔を多くの学級で見ることができました。ただ養護教諭からは、
「学校の飲料水は毎日検査をしているのに、このプールは消毒もしていないんですからね。その分、健康観察をしっかりしてくださいね」

ときちんと指導していただきました。本来は「禁止」と言われても仕方のない方法でした。幸い病人が出なかったから良かったですが、絶対に真似をしないでください。私の場合運が良かったのとどの人からもおおらかに見ていただけたからできたことです。ありがたいことでした。

> **column**
>
> ## 後輩を育てる
>
> 私は本当に上司に恵まれました。今、いろいろな組織で後輩（後継者）の育成が課題になっています。なかには指導を強くすればパワーハラスメントと言われるので何も言わないようにするという上司もいるようです。また『若いのだからアイデアを出して自由にやってごらん』と言われたのでやってみたら、結果がともなわないので叱られてしまうこともあって辞めていく部下もいます。『育てる』とは本当に難しいことです。
>
> 前出の「セカンドスクールはマラソンで行ったり、別々のコースを行ったりして」（第一章6節、80ページ）の時もそうでしたが、私の場合は校長や先輩は『やる気があってした失敗ならばかばってやる』と腹をくくり、顔

に出さずにじっくり待って育ててくれたのではないかと感じています。若い時は経験が浅く全体が見えてないこともあるために『これで良し』と思っても失敗することが往々にしてあります。先輩としてはハラハラしていたのではないでしょうか。私が校長になったときはできるだけそういう先輩に近づこうと実践しました。手本にする人がいるのも幸せなことでした。

3.【4年生担任】学級対抗は
　どの学級でも優勝できる、遅い子でも勝てるように

　小学校の学級編成は2年ごとにおこなう学校が多いようです。学級編成はいろいろな観点からどの学級もできるだけ均等になるようにおこないます。特別に配慮を要する子がいて、どうしても次の学年ではあの先生に受け持ってもらわなければならないというときを除いては、どの先生がどの学級の担任になっても良いように配慮します。そのための観点としては、男女比、体格、学力・体力、リーダー性、表現力、地区の偏りなどがあります。学年や学校の実態によっては音楽の力とか保護者のPTA役員経歴などを加えることもあります。

> こうしてあらゆる角度から検討したにもかかわらず、それでも全部の学級が均等になることはなく多少の偏りができます。小学生の場合、運動能力に差があるとそれだけで学級の元気度が違ってくることが往々にしてあります。学級対抗戦がさかんな学校だと弱い学級では暗く劣等意識まで持ってしまうことがありますので厄介です。

① どの先生も『やってみよう』と乗り気になる

　4年生の学年主任となったときに、4学級中2つは3年からの担任が持ち上がりで私の学級ともう一つは担任が代わりました。この学校は、体育の時間のうち1時間だけはどの学年とも学年合同でおこなう方針になっていました。なのでこの合同体育の時間はさまざまな対抗戦を実施することが多くなりました。学年が進むにつれて対抗戦の自主練習のために休憩時間は何も言わなくても外で遊びます。担任も外へ出て体育の延長のように指導して何とか勝たせようと一緒になって取り組むことにもなります。

　しかし今年担任が代わったもう一つの学級は何をやってもたいていビリでした。聞くと、これほどではないにしろ3年生のときから下位が多かったということでした。学級の雰囲

気も覇気がなく合同体育では集合時刻に遅れてノロノロ参加していました。体育が得意な子もいるのですが羨ましそうに他の学級の上手な子を見ています。そこで学年会議の席で私は次のように提案をしました。

「体育が得意かどうかも一つの個性だと思います。だから大いに称賛されてよいことでしょう。でもそれによって逆に子どもに劣等感が強くなってしまっては教育の場として問題です。それに教育は努力してできるようになるというプロセスが大事です。努力をしないでも勝ててしまうような競技会のあり方を4年生としては見直したいと思います」

このことには、どの教師も異論はありませんでした。全員がこの学級のことで頭を痛めていたからです。ただ問題はそれを具体的にどうするかでした。そこで私は、

「まず、陸上競技大会をしましょう」

と言いました。

「陸上競技大会なら4月にもやりましたよ」

との反論がすかさずありました。

「そんなことは知っています。問題はやり方です。4月のときは、リレーか100m競走のどちらかに分かれて一人が1回だけ走りました。でも今度は100m競走とリレーを全員が走ります。しかも事前に学級内で順位を決めておいて学級でタ

イムが一番遅かった子から1レース目、2レース目というように順に走ります」
「ということは、最初の1レース目は全学級ともに一番遅い子だけが4人で走るんですか」
「そうです。そうするとクラスではビリであっても、一人は1番になれるので得点は4点とれます。逆にクラスでは一番早いと言われていても、4クラスの一番が同時に走ればビリになって1点しか得点できないことも当然あります。2番の子、3番の子も同様です。同じようにリレーも全員が走ります。1番から4番までの子で1チーム。5番から8番までで2チーム目というようにです」
「おもしろいと思いますが、その前にこのやり方のメリットとデメリットを考えませんか。それからやるかどうかを決めましょうよ」
「まず、絶対にやめて欲しいのは一番遅い子からスタートすることです。そこでのビリは学年でのビリが決定するわけでしょう。プログラムをうまく混ぜ合わせてそれとなくするようにしてください」
「分かった。それはそうだね」
「でも、同じくらいの走力同士で走り、誰が1番になるか分からないというのはスリルがあっていいですね」

「いつも遅いことで劣等感がある子が、場合によっては1番になって4点が取れるかもしれないんですよね。ということはやる気が出るのではないでしょうかね。早い子だって逆に危機感が出てきますよね」
「でも子どもには、クラスで測ったタイムは教えないようにしましょう。そうすれば何番目同士のレースかが分からないので一番下の子同士のレースであっても気にならないと思うんです」
「それは大事なことだね」
「おもしろそうだから、とにかくやってみましょうよ」
「そうしましょうか」
「それでは、次回の合同体育までに学級ごとに順位を調べておきましょう」
　ということで実行に移されることになりました。
　次回の合同体育まで日数がないので各学級とも急いで順番を決めたのですが、当日が雨のために次週まで延期されることになりました。

② 子どもにも浸透して
　おもしろいもので、延期になるとこの競技の趣旨が子どもたちにも理解され始めました。休み時間にはどの学級でも練

習に次ぐ練習です。放課後や休日に近くの公園に集まって練習しているチームさえあります。

「いいか、オレはたぶんクラスでは一番早いと思うんだけど絶対に4組のKくんには勝てないと思う。少年野球のチームが一緒だから分かるんだよ。1組のAくんにも負けるかも知れない。ということは、100m走ではオレは2点か1点しか得点できないんだ。でもお前たちは上手くいけば4点取れるかもしれないんだよ。だから練習してオレの分も得点してくれよな」

と、いつもはクラスで一番運動神経がいいと言われていた子が悲壮なまでの連帯感で練習をしています。リレーはもっとハードな練習が繰り返されていました。これまでリレーの選手になど選ばれたことがなかった子がたくさんいます。その子たちをこれまで選手になったことのある足の速い子が一生懸命に教えています。初めてリレーを走る子たちは、それだけでもうれしいのでバトンパス練習に熱心に励んでいます。

③ いよいよ学級対抗当日

待ちに待った学級対抗の当日です。先生方にはこれまでの学級対抗とは違った緊張感と期待感があります。

「何度も学級対抗ってやってきたけど妙にスリルがあるねえ。見通しが立たないっていうのはいいねえ」

とベテランの先生は言います。子どもたちもその気持ちは同じらしく、教師から言われないのにどの学級も早くから体育委員を中心に準備運動をしています。

競技が始まりました。プログラムの走り順は、速い子・中ぐらいの子・遅い子がミックスになっていますが、一緒に走る子はそれぞれの学級で同じ順位ですから遅い子のときでも声援がとても大きく響きます。マラソンの最終ランナーに送られる声援とは違います。勝って欲しいから応援も必死なのです。この子たちがこれまでこんなに大きな声で、しかも心からの声援をされたことがあったでしょうか。

ゴールイン。そのときの

「やったあ」

「4点だあ」

「あいつ、よく練習してたものなあ」

といううれしそうな級友たちの声は学級の一体感に包まれていました。運動で1番なんてとったことがないのですから、勝った本人が一番喜んでいます。努力をしたからこその歓びの1番なのです。4番になった子ががっかりしています。ところがすぐに友達が寄っていって慰めています。

「運が悪かったなぁ。あいつら速かったもんな」

「でもほんの少しだったよ。惜しかったよ。ドンマイドンマイ」

　本当にクラスが一体なのです。負けた子は悔しそうにしながらも、

「オレの分もがんばってくれよな」

と出走を控えるクラスメイトと握手などしています。

　このような光景がずっと続きました。リレーではもっと白熱した応援合戦でした。総合結果は、いつも負けてばかりいる学級はやはりビリでした。でも接戦だったことと、これまでは諦めて気を入れた練習などはしたことがなかったのに一生懸命に練習したことや予想外に1番や2番になった子が喜びを味わえたことを担任は評価していました。どの学級もよくがんばったことで、"この方法は良かった"との結論に落ち着きました。

column

差別と紙一重

こういう試みは、今の時代だとやれ「差別だ」「人権無視だ」と言われてしまいがちでなかなか実施に踏み切れ

ないことも多いでしょう。運動会さえ廃止を論議している学校もあると聞きます。でも、子どもが本当に『差別だ』『人権無視だ』と感じているかどうかという疑問もあります。実態を知っている教師だから分かる意図があって子どもとともに作り上げたいことであっても、一つの側面だけを見ている保護者や周囲の人にはなかなか納得してもらうのが難しいこともあります。私のこの実践では、4年生の子どもでさえこの意図を理解してくれたと思っています。

初めから能力の違う子を同じ土俵に立たせて競わせるのでは、努力する気になれないまま無理やり行事に付き合わされるだけです。対して、努力すれば勝てるかもしれない状況を作ってやり、嫌いだと思っていた体育さえ『やればできるのではないか』という気持ちにさせることこそが、教育そのものなのではないかと考えるのです。

新しいことであれば良いと言うつもりはありませんが、何事にも挑戦には最初は反対が付きもので、見失わないようにしたいのは"教育は子どもが対象"ということです。その趣旨を子どもによく説明すると、ある程度の学年になれば『自分たちのために考えてくれている』と納得してくれることも少なくありません。本著では、あま

り他の教師がやってこなかったことも多く登場しますが、むしろ子どもの方がよくその意図を分かっていることもあります。子どもを守ることは大人の務めですが、『まだ子どもだから』といって大人の価値観を押し付けてしまう前に、当事者である子どもはどう納得しているのかを基本に据えて考えると、案外新しいことも実践できることが少なくないと思うのです。子どもの様子を見ていると、『これでいいのだろうか』とか『あれはこういうところが問題じゃないかな』と見えてきます。そうして「こうしたらいいかも」というアイデアが次々と浮かぶものです。だから教師っておもしろいなあと改めて実感します。

第三章
ちょっとしたアイデア・ちょっとした実践

　学校生活は毎日がドラマのようで、いろいろなことが起こります。そこで、単元全体ではありませんが、授業の一場面や学校生活の中で実践したちょっとしたことを述べたいと思います。

1.【1年生担任】連絡帳は保護者との交換日記

　学校では教師と保護者の連絡用に「連絡帳」を持たせて、保護者からは欠席や体調面で配慮して欲しいことなどの連絡を、担任からは学校であった特別なことや家庭で対応して欲しいことなどの連絡をすることになっています。今ならさしずめスマホ一つで済むことかもしれま

せん。私はこの連絡帳をとにかく密に活用しました。初めの頃は「学校から連絡が来るということはうちの子が何かしたのかしら」と恐る恐る見ていたような保護者も、悪いことはほとんどなく学校での様子が書かれているので見るのが楽しみになってきたようです。

とくに、入学したばかりの1年生の保護者は学校での様子が不安です。そこに「忘れ物をしたので気を付けてください」というような内容ではなく元気に学校生活を送っている様子が書かれているので、安心して今度は家庭でのさまざまなことも書いてくるようになってきました。それはまるで保護者と教師の交換日記のような感じでした。

① 連絡帳は毎朝出しましょう
〜出し忘れる子を防ぐ〜

普通は、家庭からの連絡があるときだけ子どもは教師に連絡帳を見せます。1年担任を何度も経験していた同僚が、
「宮﨑先生、1年生は『連絡帳に何か書いてある人は出しなさい』と言っても、書いてあっても出さない子もいるんですよ。下校のときになって明日の予定を書かせようとすると『あ、連絡帳を出すの忘れてた』ということがあるので登校

してきたらどの子も広げて教師の机に出すようにするといいですよ」

とアドバイスをしてくれました。そこで私も真似をしました。ただ40人以上もいる子どもたちが一カ所に積み上げると崩れるので、とりあえず男子と女子に分けて指定した空き箱に入れて毎朝出すようにさせました。

私からの連絡は、初めのうちは学校で体調を崩したことやケガをしたのでこういう処置をしたことや忘れ物があったので明日は忘れないで持たせてほしいことなどの事務連絡が大半でした。

② 保護者に教えてあげること

しかし子どもたちの様子もだんだん見えてくるようになると、事務的な連絡だけではなくぜひとも家庭に知らせてあげたい『良いこと』が増えてきました。そこで、
「今日は●●の時間にとても良い発表をして褒められました。ぜひどんな内容だったかを聞いて家庭でも褒めてあげてください」といったことを簡単に書くようにしました。

すると「学校でがんばっていることが分かって大変よかったです。よろしくお願いします」と簡単な返事が届きました。子どもは褒められたことが書いてあるのですから忘れずに親

に見せるはずだと思っていました。しかし、遊びに夢中になっていたのか、見せるのを忘れてそのまま翌日返ってくることもありました。でも返事があるのは保護者に見せたということですから私も安心します。こういうことを続けました。できるだけ多くの子に書いてあげたいと思うのですが1年生は下校時間も早い上に、ほとんどの時間は子どもに付きっきりですから書く時間が制約されます。給食の時間などは右手にペン、左手にパンというような感じで書いていることがよくありました。

③ 保護者からの返事が交換日記になっちゃった

だんだん慣れてくると、保護者の中には長く書いてくる人も出てきます。「学校で〇〇をしたと書いてあったので家庭でもその続きをしました。でもうまくいきません。どのようにすればいいか教えてください」とか「この頃●●に興味を持つようになりました。どのように指導したらよいか教えてください」という教育相談の内容まで連絡帳に書いてくる人も出てくるようになったのです。まるで毎日が個人面談のようです。でも短い時間しかないとはいえ、いい加減なことは書けません。私にとっては40人のうちの1人かもしれませんが、保護者にとっては唯一の我が子ですから教師の言葉が絶

対になるはずです。時には「難しい問題ですから時間をください」とか「後ほど電話で直接お話しします」とだけ書いたことも少なくありませんでした。でも、「子どものことをしっかり見てくれて良いところもきちんと連絡してくれる。また親からの相談にも乗ってくれる」と感じてもらえたことで、この交換日記はどんどん価値が大きくなっていったのでした。

④ 電話で伝えるとびっくりするやらうれしがるやら

　時間が取れず、書きたいことがあっても書けないで下校時間になってしまうこともあります。そういう時は夕方の忙しい時間を避けて直接電話で話したこともありました。電話だと「何か悪いことでもしたのか」と警戒して受話器を取っているのが伝わってきます。でも、
「今日、●●の時間でとてもがんばって皆からも褒められたんですよ。でも連絡帳に書く時間がなかったので電話しました」という程度のことで私は電話を使っていました。

　学校から電話が来るのは悪いことをして先生に叱られるからだという構図が出来上がっているのが大人です。しかし、良い話にも大いに使うべきだろうと思います。1年生は保護者もいろいろなことで心配しているので、連絡を密にするこ

とで安心して教師への信頼にもつながっていくのだろうと思います。

2.【6年生担任】授業参観で保護者が逃げ出した「ものの燃え方」での自由活動

　　学習指導要領の改訂は、ほぼ10年ごとにおこなわれます。なかには本来ならば一連の学習として位置づけられなければならない内容が授業時数との関係で削られることがあります。子どもの問題意識を大事にしようと授業に取り組んでいる私にとっては、とても納得できないことがときどきありました。学習の流れから子どもの中に自然に生まれた疑問であっても「それは今度の学習指導要領では扱わないことになったから授業はしないです」となるからです。もちろん子どもにはそのような言い方はしませんが、日頃から「自ら発想をしなさい」「自ら問題を見つける子になりなさい」と指導しているのに、「せっかく問題を見つけたのに先生は授業で扱ってくれない」と不信感につながってしまいます。

　そこで私は授業時数を工面して子どもの発想したことはできる限り授業で保証してあげるようにしてきました。もちろんその内容は他の学級・学校ではおこなわ

> いのですが、私の学級では教科書にない内容でも発展教材として、自由度を高めて教科の枠内で実施するようにしました。私はそういう内容を『自由活動』と名づけていました。自由活動は理科と社会科でおこなうことが特に多かったのですが、この2教科は学習の流れが子どもの必然的な発想で進められるように配列されていたからかもしれません。

① 子どもが持ってきた素材

　上記のような考え方から、子どもが主体的に学習している様子をぜひ見ていただこうと、保護者参観日に理科で「ものの燃え方」の授業から発展した自由活動を見ていただきました。この教材は「ものが燃えるときは酸素を使って二酸化炭素を出す」「ものには燃えるものと燃えないものがある」「燃えるものは熱せられた時に気体を出し、それが燃えるのである」ことを学びます。

　子どもたちはローソクや割り箸という植物体を加熱したときに出てくる目に見えない気体に興味を持ちました。そしてその気体に火をつけたときに炎が出て燃えたことに特に驚くとともに、ものが燃えることに非常に関心を持ちました。そうして「他の燃えるものも本当に気体が燃えているのだろう

か」という疑問を持った子が多く、自由活動をすることになったのでした。

　子どもたちは自分でさまざまなものを持ってきて実験に取り掛かりました。子どもたちが持ってきた素材とその理由の一例をあげると、
- 紙・布類：割り箸と同じように木（植物）を素材としているし、燃えるから
- 肉・脂：焼肉などで肉が炎を出して燃えたことの経験があるから
- 草・木：乾燥していないものはどうして燃えにくいのか。でも山火事ではなぜ燃えるのか
- 米・野菜：植物だから。でも米はおこげになるだけで燃えないか
- 砂糖：サトウキビやビートなどの植物からできているので燃えるのではないか
- 調味料：砂糖のように塩やコショウも燃えないか

　などがありました。

　空き缶に素材を入れてふたをして下から加熱して実験します。砂糖を加熱して気体に火がついた子は、甘いお菓子のにおいが理科室中に漂いうっとりとするようでした。「やっぱりサトウキビは植物だから気体が出て炎になって燃えるんだ

ねえ」と仮説の確かさを実感し、勉強は順調でした。一方、青草や乾燥してない木は煙（目に見えるので煙も気体だと思っている子がほとんど）はよく出るのにちっとも火がつきません。子どもたちは何度も挑戦していましたがそのうちに原因を突き止めました。「この煙って水分じゃないのかなあ。白いのは湯気だと思うよ。ふたがぬれているもの」と言うのです。また、肉はいい匂いがしますがやはり燃えてきません。「おかしいなあ、燃える気体が出てこないのかなあ。何が原因だろう」と首を傾げています。全て同じように実験しているのですが火がつきません。

　コショウやトウガラシを加熱したグループは、砂糖のように燃えていい匂いがするかと思った子もいたようです。私も持ってくる素材は子どもに任せていて、事前の検討をしていませんでした。せっかくの授業参観日。しかも小学校生活最後なので、子ども一人ひとりが自分なりに見つけた問題を解決するためにチャレンジしている『自由活動』の時間を見ていただこうとしたのですが、見ていた保護者は目も開けていられない授業参観になってしまいました。
「うわー、ゴホン、ゴホン」
　とハンカチで口を押さえて我慢していた保護者でしたが、その強烈な匂いと煙で涙を流しながら理科室から出ていった

のでした。皆と同じことを一緒に学習するのではなく、自分で見つけた問題を自分なりに解決するという子どもの学ぶ姿を新しい試みとして伝えたいという私の一方的な思惑だけで何でも子どもに任せるのではなく、事前に点検しておくべきだったと反省しました。

② 総合的な学習への提案となったのか？

　今や当たり前になった「総合的な学習」の時間がまだなかった時代にこの実践は、ある研究雑誌に掲載されました。そして、この『自由活動』の考え方が子どもに問題解決の能力や自分から学んでいく態度を育てることになると評価をいただきました。子どもたちは限られた時間の中で砂糖や米も燃えたことや燃えにくい素材についても追求していきました。そのように活動を通して、食べ物という大きな括りではなく中の素材の観点で分類すれば「気体を出して燃えるかどうかという性質からも分類できる」という質的な見方の基礎を学んでいくことができるようになったのです。その後自由活動について研究の場で取り上げる実践も出てきました。また活動の自由とか総合的な活動などといわれた実践例を目にすることもあり、同じようなことを考える教師が全国にいるものだなあと感じたものでした。

私の自由活動の実践を初めから気に掛けてくださっていたある大学教授は、学習指導要領で全国一律に総合的な学習の時間が始まると「宮﨑くん、キミの主張がやっと全国に認められることになったねえ。20年かかったけどねえ」との褒め言葉で評価してくださいました。

　確かに内容的には総合的な学習への提言になったように思います。しかし、私自身は子どもの発想した問題を解決するための時間を保障してあげるべきだという教師としての思いで取り組んだだけであって、総合的な学習への提案として意識して実践したものではありませんでした。

3.【6年生担任】"子どもに学ぶ"ということ
　　～日記の指導から～

> 　国語では作文の時間があります。しかし私自身が子ども時代に作文を書いた記憶は遠足などの行事のときだけでしたから、教師になってからも作文は行事のときに書かせるものというくらいの認識しかもっていませんでした。でも授業で行事について書かせてみると、みんなが一緒におこなった行事ですからどの子も同じようなことが書いてありおもしろくありませんでした。読んで評価して子どもに返すこともつい億劫になり、読まないで机

の上に積んでおくような悪い教師でした。

　その後教師生活4年目から、下校の前に『一日をふりかえろう』と日記風に一人ひとりに書かせて子どもの様子をつかむことを試みました。これだと同じ内容は一つもなく、どの子がどんなことを感じて一日を過ごしたのかが分かり読むのも楽しくなりました。「へ～、あの子はあのときにこんなことを考えていたのか」と思って、翌日になって良いところを紹介したり子どもに謝ったりもして、学級にも活気が出てくるようになりました。

　その中でも、教師としての私を育ててくれたと自覚できる実践があります。別の言い方をすれば、子どもに学ぶということを実感した経験でもありました。

① "子どもに学ぶ"と言うけれど

　その年、私は市内ポートボール大会のために女子チームの監督をしていました。5学級ある6年生から学校代表を選抜してチームを作りました。

　私の学級のTさんは背も高く、運動神経抜群でしかも頭もよくキレる、全てにおいて一目置かれている女子児童でした。当然、選抜チームに選ばれて中心的な選手となりました。私は、Tさんにフィールドプレーヤーとしての魅力を感じつつ

も、チーム編成としてはジャンプ力もあるＴさんを守りの要のキーパーにすることにしました。

　毎年優勝候補であった我が校は、その練習も厳しいものがありました。大会が近づくにつれて練習はいっそう厳しくなってきました。そんなある日のＴさんの日記には、頭をガーンと殴られたような衝撃を受けました。

「宮﨑先生は、シュートの失敗に対してシュートをした子ばかりを責めている。私は、Ａさんはこのタイミングでシュートしてくるからここでジャンプしよう。Ｂさんのシュートはこういうタイミングでジャンプすれば止められるといつも計算して止めるようにしているのに、私が止めても一度も褒めてくれたことがない」という内容が書かれていたのです。「そうか、Ｔさんはこういう努力をしていたのか。でもフィールドプレーヤーにだけ目が向いていた私。これからは目につきにくいポジションにいる子にも目をかけよう。そして評価をしよう」と強く思うようになるきっかけをＴさんは与えてくれたのでした。キーパーとしての努力に目を向けることができずに、目が行くのはコートの中を走り回って目立っている子ばかりであったことが恥ずかしくなりました。

　それからというもの、いろいろな場面で主役ではなくそばにいる子にも目を向けるようになりました。そしてそれは全

ての子どもに目を向けるという教師の心構えの基本となったのでした。

"子どもに学べ"とは先輩から教えていただいた言葉ですが、この言葉の意味が少し分かりました。それと同時に、子どもの何をどう見るのかで子どもに学べるかどうかが決まってくるとも思いました。ただ見ていても子どもからは学べないからです。

② それからの学級経営

このTさんの言葉に刺激を受けて、普段の授業でも私は大きく変わりました。

子どもの発表場面を例に挙げます。ある子が発表しているとき、それまでの私は子どもたちと一緒になってその子を見ていましたがTさんの日記以降は、発表者だけではなく聞いている子どもの方を見ながら耳で発表を聞くようにしたのです。この効果はすぐに表れました。発表が終わると私は、
「今の発表中に、Aくんはうなずきながらしっかりと聞いていたねえ。良い聞き方だったよ。じゃ、付け加えあるかな」
とか、
「今の発表中に、Bさんは首をかしげていたねえ。何か意見があるのではないかな」

と、聞いているときの様子を広めて全員で作る授業になるように参加意欲を高めました。また、
「発表が良いから、聞いている人まで褒められちゃったね。お互いが得したね」
と言って子ども同士を結びつけながら、学級はみんなで力を出し合って良いものにしていくのだと、具体的な姿を示して全員が共有するようにしたのです。

発表者のことは、見ていなくても聞いていれば分かります。でもそのときに授業にどのように参加しているかといういわばフォロワーについて評価するようにしたのです。そうすると、聞いているだけでも評価されるということや、逆にうっかり聞いていないと先生は見ているぞという緊張感からか、発表しあいながら進めることで子どもたちも喜ぶ授業となったのでした。

③ 日記が楽しみになった子どもたち

放課後に反省を書くだけでは、書きたいことが時間内に収まらなくなってきました。
「先生、書きたいことが多すぎて書き終わらないよ。家で続きを書いてきたい」
ということが増えました。そこでもっと書きたい子は家で

第三章　ちょっとしたアイディア・ちょっとした実践

書いてきてもよいルールにしました。

　つまり毎日作文の宿題が出るということになるのですが、子どもがそれを望んでいたのですし、その日のうちに出して帰ってもよいという自主性を重んじたのでどの子も日記を毎日提出しました。出すと朱で私からの返事が入って戻ってくるといういわば私との交換日記が毎日全員と続くので大変な労力でしたが、子どもとの心の距離がさらに縮まったように思えてせっせと朱を入れる毎日でした。普通は、毎日の作文など子どもにとっては苦痛のはずです。でも一向に辞めたり短くなったりせずに続きました。

　子どもにとっては毎日書ける変化のあるネタといえば授業のことで、考えたことや分かったことを知ることができ、私の学校生活も楽しくなりました。また「へ〜、子どもってこんなことを考えていたのか」というように読み進めることが楽しくなってきますので私も文字数が増えていきます。

　このやりとりが子どもにも楽しみだったようで卒業までずっと続きました。私も気を付けてよく読んでいるとTさんのように教師に提言をくれる（教えられる）ことがけっこうあるのだと分かり、それを知るのも楽しみで続けることは少しも億劫ではありませんでした。

4.【1年生担任】入学間もない頃の
　日記でのやりとりから文集へ

① 入学直後の混乱

　入学式の翌日から、登校するとほとんどの子は先生のそばまで来て「せんせい、おはようございます」と言います。きっと家で「先生にきちんとごあいさつをするんですよ」と言われてくるのでしょう。私も一人ひとりに「おはようございます」と返事します。まだ名前もほとんど覚えていない段階ですから形式的な儀礼のようなものです。でも私にとっては40人のうちの1人かもしれませんが、子どもにとっては唯一の先生ですからいい加減な応答をするわけにもいきません。ただ、なかにはさっそく連絡帳に何か書いてきている保護者もいますので私はそんな儀礼よりも中身をしっかりと点検したいのが本音です。

　そのまた翌日ぐらいになると、挨拶が済んだ後に「教室へ飾ってくださいとお母さんに渡されました」と言いながら花を持ってきてくれる子もいます。ある時、
「あ、ツバキの花だね。ありがとう」
　と言うと、
「違うよ、オトメツバキだよ」
　と言うではありませんか。私は初めて正しい名前を知りま

した。そこで、
「へえ、難しい名前まで知っているんだ。すごいね」
　というようなやり取りをしました。そして1時間目が始まる前に、
「この花はＡさんが持ってきてくれました。きれいだね。名前はオトメツバキと言います」と全員に紹介してあげました。
　ところがこれが失敗でした。その翌日には何人もの子が花を持ってきてくれたのでした。花瓶が足りません。とりあえずバケツに水を入れてまとめて置いておくという始末でした。
　失敗はまだ続きました。花を持ってこられない子は、登校中に見つけた野草やらきれいな石などを持ってくるのです。挨拶に対応した後にこういう子の話を一人ずつ聞いてあげていると連絡帳に目を通すことなど到底できません。こういうやりとりが何日か続いた後に、私はいつも話しに来てくれる子たちに向けて、
「たくさんの人が見つけたものを先生に見せてお話ししてくれますが、これからはお話ししたいことがあったら絵に描いて見せてください」
　という提案をしました。これならば学校に着いて一日の準備を終えたあとの短い時間にちょっとずつ聞くのではなく

ゆっくりと話を聞くことができるからです。さっそく翌日には、数名の子が画用紙や広告のビラの裏面などに絵を描いてきて、健康観察などを終えて1時間目を始める前に絵の話をしてくれました。

② まずは認められる喜びで楽しい学校生活に

　子どもは何か言いたくてたまらないものです。私にとっては些細なことであっても「すごいことを見つけた」と興奮気味に話す子もいます。早く1時間目の授業に入りたいと思いながらも、自分から行動を起こすことを重視している私は大きく頷いたり補足を加えて他の子と共有したりします。このやり取りだけでも1時間目が終わりそうです。でも勉強の遅れよりも自分から行動し認められる学校生活を通して、楽しく感じてもらえるようにすることの方がこの時期では大事であると思っていたので十分に時間をとりました。

　またこの時間は子ども一人ひとりのことを理解するのにもとても重要な時間だったのです。毎日のように何かしら発表する積極的な子もいれば一度も手を挙げない子もいます。とくに発表しないおとなしい子には「しっかり聞いているねえ」などと言って褒めてやりながら、発表することだけが良いのではないと伝えて、聞くだけでも褒められる楽しい時間にな

るようにしていきました。

③ 次は、配布されたノートに絵を描いて発表する

しかし、いつまでも同じことの繰り返しではなく、次の段階へ進めていく必要もあります。

そこで数日後に、

「みなさんはとても良いことを発表してくれています。すごい発見もありましたね。でも、もったいないと思うんだよなあ。言うだけだと例えば花や草のことだと枯れてしまうでしょう。だからこのノートに色鉛筆で絵を描いて欲しいんだよなあ」

と言いました。ちょうどマス目も罫線もないノート（自由帳）をどんなタイミングで配布しようかと思っていた時でもあったので、ここで取り上げたのです。

すると、「いいねえ。書いておけば忘れないものね」という声もあり、全員に1冊ずつ配布することにしました。これまでは発表が苦手で手を挙げられないでいる内気な子の中にも、絵でなら上手く表現できる子がいるかもしれません。発表と絵、この二つだけでも褒めることが増えたので子どもを知ることができるチャンスも多くなります。

教師には子どもを自習にさせて教師だけの打ち合わせをす

るための時間があります。入学当初は6年生の子が面倒を見てくれていますが、いつまでも付いていてくれません。自分たちだけで10分間おとなしく過ごさせなくてはならなくなり、この時間に絵を描かせておけば安心だという思いもあり一石二鳥でした。私が教室に帰ってきたら、できた絵を見せながら発表するようにして、この方法は続きました。

　ここで私が気を付けたのは、描いた絵には絶対に指導をしないということでした。良いことは褒めますが、苦手な子のあまり上手ではない絵であっても必ず褒めました。子どもの絵がうまいかどうかを大人は全体を見て評価しがちです。部分に限って言えば良い点もあるのに、全体を見てしまうと「下手な絵」という評価になってしまいます。小学校一年生から絵を描くのが嫌いという子を作ってしまうことは避けなければなりません。「ここの色は本物みたいだね」「この角ばっているところはよく見て描いたね」「ここのカーブの所は難しかったんじゃないの」などと、部分を見れば褒めるところはいくらでもあるのです。

④ 文字を添えてあった子の絵を紹介する
　マス目も罫線もない真っ白なページですからノートには空間も多く生まれます。絵が早く描き終わった子は時間をもて

あまします。だからでしょうか、「あかいはながさいていました」と文字を書き添えた子がいました。まだ文字は全体ではほとんど学習していませんが、私は次のステップとしてこの絵を取り上げ、

「字が書ける人はこのように書いてもいいですよ」

と付け加えました。するとほとんどの子が幼稚園や保育園、または家庭で習ってきているのか得意になって文字を添えるようになってきました。もちろん『ひらがな50音』はまだ習い終わっていないのですから、書けている子がえらいというようにならないように配慮して進めました。なかには空白の部分がなくなるくらいたくさんの文字が書かれていてまるで説明文か日記のようになっているものまで出てきました。

⑤ 書き方のお手本にした

国語には『書き方』の時間があります。1年生の初めでは、まるで模様を描くように手首の柔軟性を使って『とめ』『はね』『はらい』を書きます。それが一通り終わると教科書の文字を見て同じように1時間に1、2文字程度をマス目の中に練習します。このようにして基礎的な文字を習得していきます。ある程度の教材が終わったあとまだ書き方の教科書は残っているのですが、私は絵に添えられていたある一人の子の文章

を例としてプリントし、それを学級の皆で練習して書き方の応用に使うことにしました。

　方法は、まず1行目のマス目に私がその子の文をきれいに書いて手本にして、次の2行目は空けます。子どもが私の手本を見ながら練習するためです。3行目はまた私の手本で、4行目は空欄…とこのようにすると、全員がある子の書いた文を練習することになります。

　提出させた後、私はそれを評価してマルやハナマルを付けて返却します。その後、回収して教材ロッカーにしまっておきました。

⑥ 文集として手渡す

　ロッカーにたくさんたまった書き方のプリントは、2年生になるときに文集として子どもに渡すことにしました。私は、文集には次の3種類があると考えています。

A：学級や学校全員が手にする同一のもの。卒業期などに作成される「卒業文集」や進級する前に手にする学級ごとの「学級文集」などがこれにあたります。

B：学級で同じものを手にする点はAと同じですが、中身がそれぞれの子どもによって違うもの。下記に詳しく述べますが、同じ教材を使って学習するなかで、個々の学習プロセス

（学習成果）に沿って作成するので、アンダーラインやハナマルなどの付いている場所が子どもによって違う冊子になります。
Ｃ：個人ごとに一冊の本のように作文をまとめたもの。作文を書いた後に教師が指導したものは、その都度子どもに返却されます。しかし、この方法だと返された作文はいつの間にかどこかに紛失してしまいがちです。そこで返した後に教師が回収して取っておいて進級の時などに一冊の本のように製本して『一年間の学びの軌跡』として手渡しました。

　私は、一人ひとりに寄り添う教育を心がけていましたので、上記のＢとＣも重視していました。

　卒業や進級が間近になってゼロから作るＡのような文集もいいですが、一学期からの勉強の足跡が残る文集も意味があると考えます。一年間にわたって書き続けた作文は、個人でも相当な枚数になります。学校生活では、作文以外にも図画工作などで相当な数の作品を作りますが、その大部分は壊れたり紛失したり捨てられたりして手元に残るものはほとんどないと思われます。思い出に浸るという意味ではなく、努力のプロセスを残すという考えから、『残しやすい形』にして子どもに与えたいという考えでした。

　それに、この文集は作成がとてもラクでした。もう原稿は

これまでの授業で揃っているので、ただ製本をするだけでよいからです。担任したほとんどの学級で日記を書かせて互いに学びあう教材にして、最後はこのような文集にまとめました。

「卒業間近の忙しい時に文集を作るのは、教師への負担が大きすぎる」という理由で、卒業文集を取りやめる学校もあるようです。しかし、このようにやり方を工夫すればそういうこともなくなるのではないかと思います。

卒業して40年も経ったときのクラス会でのことです。酒を注いで席を回っているときに、Yさんが「先生、私はあのときの作文が今、会社で役に立っているんですよ」と言ったのです。「会社の研修会の時などに『だれか記録をとってくれない?』と言われると誰もがいやがるから『じゃ、私がやります』と手を挙げるんです。もともと作文は苦手だったんですけど、あのときの2年間で私は書くのが苦にならなくなりました」と言ってくれました。もちろん全ての子がそういう成長をしたわけではないでしょう。でも40年も前のことが役立っていると実感しながら語ってくれる教え子がいるというのはうれしいものです。

教育は、実践したことがよかったかどうかを追跡調査して検証するわけにはいきません。しかしこのようにクラス会な

どでは、いわば検証のようなこともできるのではないかと思います。ですから私は『今の自分に役立っていること』を聞くのは楽しみにしていて、堅苦しくならないように配慮しながらクラス会などではそれとなく耳を傾けるようにしています。

第四章
担任以外の学級で
どう関わるか

　ここからの話は、私が担任した学級での実践ではありません。アドバイスを求められて、いわば副担任的な立場で一緒に考えたり、指導教官のような形でともに実践したりした内容です。

　今、担任の負担軽減のために担任の補助をする立場の教員が複数配置されるようになっています。自分の担任する学級で自分の判断で行動するのとは違って非常に微妙な立場であり、担任との人間関係の難しさからどのように関わったらよいか悩んでいる教師も少なくありません。良かれと思って進んで関われば「担任ではないのに出しゃばり過ぎだ」と言われたり、指示のあるまで動かないで控えていると陰では「何もしてくれない」とか「役に立たない」と言われたりしてし

まうこともあります。どのような関わり方が良いのか非常に難しい立場なのだろうと思います。

そこで、担任の立場を尊重しつつ邪魔にならないようなやり方で実践した事例を以下に紹介します。

1.『失敗した子?』をどう褒めるか
　　本当に悪い子なの?

> 校内の事情から、まだ学級担任をしたかったのに教務主任になったときのことです。教務主任になると生徒指導的なことも受け持つことが多くなり、子どもたちと関わるとしても一過性な上に悪いことをした子が謝りにくることも多く、「いやな役回りだなあ」とうんざりしていました。
>
> 私は「これでは教務主任はつまらない仕事というだけで終わってしまう。何か自己課題を持とう」と考えました。そうして『謝りにやってくる失敗した子をどう褒めるか』を自分の課題にしたのです。それは学級担任のときの経験から"子どものすることには全て意味がある。ただうまく表現できなかったり結果が失敗に終わってしまったりしているだけなのではないか"と感じていたからでした。そうして、

- たとえ結果は失敗に終わり『悪いこと』になってしまっても、悪いことをするにはそれなりの理由もあったのではないか。それを探ってみよう
- 失敗を恐れて何もしない子が増えている今、そういう子は無気力になっていくかもしれない。それを防ごう
- 結果は失敗であってもやろうとした意思のある子の方が価値は上であるという考え方に立ち、自ら行動する力をなくさないようにしていこう

と決めたのでした。

そのためには行動の根底にある考えを上手く聞き出さなければなりません。その方法としては、もう悪いことをしたと反省している子をさらに叱っても本音は出てこないと考えました。どうすれば心を開いて本当のことを言ってくれるかということを課して自分へのプレッシャーとしたのでした。

① モルモットを死なせた子

「宮﨑先生、うちのクラスの子がモルモットを死なせてしまったので謝りに行かせましたけど、子どもは先生のところへ行きましたか」

「ああ、来たよ。よく反省して元気に帰っていったよ」

第四章　担任以外の学級でどう関わるか

「えっ、まだ教室へ帰ってきていないんですけど」
「校庭のどこかにいるんじゃないかな」
「校庭ですか。探してきます」

　このような会話を私は担任と交わしました。この後子どもたちを下校させてから担任が再び私のところへ来ると、
「あの二人は、休み時間に飼育園のモルモットを死なせちゃったんですよ」
「そのようだね」
「それでうんと叱ってやったんです。最後に『宮﨑先生にも謝ってきなさい』と言って行かせたんですけど、帰ってきたらなんであんなにさわやかにしているんだか分からないんですよ。どのように指導したのですか」

　と怪訝そうに言葉を発しました。叱られてしょんぼりと教室へ帰ってくるものと想定していたらしいのです。しかし、それどころか私のところへ謝りに来たあとの帰りが遅いのでどうかしてしまったのかと思っていたようです。普通は悪いことをしたあとというものは叱られてうなだれているものですからそう思うのも当然なことでしょう。私はそのときの様子を具体的に担任に語りました。以下は、そのときの要約です。

② 職員室でうなだれていたのに
「宮﨑先生……」
　と言ったまま、職員室の入り口で二人の男の子が立っています。いかにも何かをしでかして謝りに来たのだろうと予想がつきます。でもそれ以上は言えず私からの言葉かけを待っています。
「どうしたんだい。こっちへ来てごらん」
　という言葉に、待っていましたというように二人は顔を見合わせるとすぐにやってきました。間髪を入れずに、
「えらいじゃないか。普通はぐずぐずしたりもじもじしたりするのになあ。さては、もうきちんと反省しているのかな」
　と言いました。何のことかも聞かずにそれだけ言って近くで二人の顔を見ました。
「それでどうしたんだい?」
　彼らは、すぐに、
「モルモットを死なせちゃったんです。ごめんなさい」
　と言いました。これまで叱られたときには、お互いに言うのを擦り付け合ってすぐには言いませんでした。でも今回は「えらいね」と「もう反省しているのかな」と言ったことで、きっと警戒心が解けて本当のことをすぐに言ったのだと思います。

でも彼らの言葉に対する私の言葉は彼らの予期しないものでした。それは、
「ほう〜、それはよかったねえ」
でした。お説教は、少しの時間だけ下を向いて反省したフリをしていれば頭の上を通り過ぎていくものです。そうしてとりあえずゴメンナサイを連発していれば、最後の「もうこういうことをしないって約束できるかな」の決めぜりふで放免になることを知っています。叱られることに馴れていたワンパクな二人にとっても意外な言葉でした。
「先生がなんで"よかった"と言ったのか、分かるかい?」
と追い討ちをかけました。分かるはずはありません。また私の顔を見ています。これは長くなりそうかなと不安そうにもなっているようです。
　私は質問を変えました。
「どうして死んじゃったんだい?」
「だって、木から落ちちゃったんです」
と答えましたが、なんで私が"よかったねえ"と言ったかは答えません。
「そうかあ、君たちは何か実験をしたかったんじゃないのかい」
と聞きました。木から落ちるということは木に乗せたとい

うことです。おかしなことです。でも日頃から私は"子どものやることに意味のないことはない"と考えていて、その意味を行動に置き換え『実験』という言葉で考えてみると子どもの心が見えてくるように思っていました。
　今回もそう考えると、この実験も筋が通ってくるのです。
「モルモットはネズミに似ているから木に登れるかなあと思って実験したのかい?」
「えっ、そうです、そうです」
「えらい。ますますえらい」
　そう言うと二人の頭をなでてあげました。二人は、なんだか疑心暗鬼という感じで私を見ています。

③ 大きな声で叱らなくても
　私のペースで話は続きます。
「君たちはこの間私が見に行った理科の授業でいい考えを発表していたよね。似ているもの同士を比べて、だったらこれでもできるかなと考えた勉強はとっても良いやり方だよ」
　二人は黙っています。
「それで木に登らせる実験をしているときに、キミたちの手はどうしていた?」
「えっ、手ですか?　え〜、普通にこうして見ていました」

「それはだめじゃないか。もしかしたら落ちるかもしれないとは考えなかったのかい。失敗したときのことを考えないような実験じゃ良くないね。先生だったらモルモットのすぐ下にこのように手を置いておくなあ。どう思うかい?」
「あ、その方がいいと思います」
「実験しようとしたことはいいことだけど、失敗するかもしれないと考えたやり方をしなかったことはまずかったなあ」
　二人は、またうなだれてしまいました。そこで、
「この後はどうするんだい?」
　と聞きました。すると、
「え〜、え〜っと、モルモットを埋めてやります」
「えらい。そうだね、そうしてやるといいね」
　二人は、ちょっとホッとした感じでまた顔を見合わせています。
「君たちは良いことをいっぱいしたよ。悪いことは一つだけだね。だってね、いいかい。良いことはまず実験しようとしたこと。二つ目は、反省して宮﨑先生のところへグズグズしないで来たこと。そして、死んだモルモットを埋めてやろうとしていること、だね。それで悪いことは失敗することを考えて実験中に手を下において置かなかったこと、この一つだけだね」

二人は、まだ黙っています。
「これからも、いろいろなことを考えて実験したり工夫したりしなさい。でもそのときにどうしたら失敗をしないかを考えてやるともっといいよ」
　この間、私はこれまでのような大きな声を一度も出さずに済みました。

④ 好奇心や行動力をなくさないようにしたい
　担任や毎日授業をするような立場の教師は、目に余る行動については強く叱らなくてはいけないことも多いと思います。しかし、叱ることで子どもの行動力が萎えていくことについてはどれほどの思いを寄せているのでしょうか。"悪いことは悪いときちんと指導しなければならない"という言葉は、生徒指導に熱心だと言われている教師からはよく聞きます。でもそれは全てにおいて正論なのでしょうか。指導してもらわなければ悪いことだと分からないことはどれほどあるというのでしょうか。子どもは、失敗したことは失敗した時点で分かっていることの方が多いのではないかと思います。叱るだけの指導は、私には教師のマスターベーションであることも少なくないように思うのです。失敗する子の多くはエネルギーの豊富な子です。そういう子を「また君か！」とか「問

題児」というレッテルを貼って、それで指導をしたことにしてしまうのはあまりにも惜しい気がします。教育の場で教育をすればするほど『やる気をなくす子』を生み出してしまうことが多くないだろうかと思うのです。私のように『失敗した子を褒める』というのは、軟弱な教育であり邪道だという考えもあるかもしれません。でも行動をしようとしたエネルギーを、『叱る』という教師の行為で消してしまうのではなく、行動の源泉にある好奇心を褒めるとエネルギーもしぼまず解決の方法も身に付けていくことが教育そのもののように思うのです。私は担任のように密度は濃くはありませんでしたが、この子たちとはずっと良い関係でこの学校での教務主任を務めることができました。

2. 一人ひとりを見る教育は『なぞり』で

> 「子どもは褒めて育てなさい」と言われます。しかし「褒めるのって難しい」というのが教師に限らずどの大人にとっても本音だろうと思います。あるとき、私は幼稚園の授業を参観した時に「行動をなぞればいいのよ」と教えていただきました。そこでその先生に付きっきりで子どもの行動とその先生の言葉かけ（なぞり）を参観した

あと、自分でも次のように試みてみました。

① 砂場遊びする園児の行動に声掛けをする
　子どもが一人夢中になって砂場で遊んでいます。そこへ行って担任教師は声を掛けました。
「大きなお山だね」
「ぼくが一人でつくったんだよ」
「そう〜、一人でつくったの?」
「大変だったんだよ。でもこんどは水を流すんだよ」
「そう〜、水を流すの」
　教師は、一見何でもないような他愛のない会話を園児と繰り返しています。しかし実際はただ園児がしたことの事実を『なぞって』いるだけなのです。褒めてはいません。事実を園児と共有しているだけです。しかし園児は自分がしたことを先生が認めてくれているという安心感があるのでしょうか、次から次へと自分で行動を考えていくのです。
　私は、できるだけ配慮する教師が良い教師だと思っていた時期がありました。指導の手を先へ先へと打つのが指導力のある教師だと思っていたからです。確かにその方が子どもの活動は効率よく進み、内容もダイナミックになりました。
　ところが、それは本来子どもが考えるべきことを教師が奪

いとっていたのではないかと思うようになりました。あるときは「せんせ〜い、次は何をしたらいいですか」と子どもが聞いてくることもありました。これをきっかけに、活動できる子を育てるのも大切なことだが、自分で考えて活動を生み出せる子を育てることはもっと大事なことだと思うようになりました。

　そこで、子どもは認められたという安心感があれば自分から次の活動を考えるのではないかと考え先手を打つのをやめるようにしたのです。そう考えていた時に丁度よく幼稚園の先生から『活動をなぞるだけ』という言葉を教えていただきました。参観したこの授業でもそれを試してみたくなり、許可を得て子どもたちに声掛けをしてみました。褒めようとするのではなく今ある子どもの姿をただなぞるだけです。

② 私の試みと考察

　子どもは砂いじりが本当に好きです。そしてよくお団子にします。砂の感触が快感なのでしょうか。また単純ではありますが形になるということが満足感につながるからなのでしょうか。砂場では必ずお団子つくりをしている子がいます。子どもたちにとっての宝物は丸くなって形が崩れないお団子で、上手なお団子が作れる子は一目置かれるほどです。上手

くできたと言っては見せ合ったり上手にできる子のところへ持っていって見てもらったり微笑んだりしている姿は素晴らしい光景です。園庭にはいい団子ができる土があるという秘密の場所があります。別に隠すわけでもないのですがそれぞれにとっての秘密の場所なのです。

　さて、試行錯誤をしてやっと満足できるようなお団子ができたので、見て欲しくなって手のひらに載せて私のところへ持ってきた子がいました。そこで『なぞる』ことの有効性を試してみました。

事例Ａ：ただなぞること
「先生、お団子できたあ〜」
「ほ〜、お団子だ」
「丸いでしょ」
「丸くできたね」
「難しかったんだよ」
「難しかったの。がんばったね」
「初めは黒砂で作って、それから白砂をかけるんだよ」
「黒と白の両方の砂を使うんだァ」
「白砂だけだと固まらないんだよ。黒砂だけでも手にくっついちゃって丸くならないの」

「そうやると、いいお団子ができるんだァ」
「先生にも作ってきてあげる」
　活動を通して土にも種類があることや固め方を学び、できる自信のおかげで初めて会った知らない私にも話しかけてきました。
　私はうれしくなったのですが意地悪をしたくなりました。以下の2例です。

事例B ：子どもを不安にすると……
「先生、お団子できたあ〜」
「ほ〜、お団子だ。いくら?」
「……」
　そして、私のそばからいなくなってしまいました。

事例C ：子どもを不安にすると……
「先生、お団子できたあ〜」
「ほ〜、お団子だ。でもここの所が少し崩れているね」
「……」
　そして、私のそばからいなくなってしまいました。

　子どものことを知りたいためとはいえ、罪なことをしたと

思っています。

　事例Aは、確かになぞっただけです。でも子どもとの会話も弾み、何よりも子ども自身が良い団子の秘密も教えてくれるし「先生の分も作ってあげる」というように次の活動を自分で決めて行動に移しているのです。一方事例BとCは以前の私のやり方です。Cでは悪いところを見て「ここを直したらどうだろう」と指摘してより良いものを作らせようとしたのです。Bでは、担任だったときに次にお店屋さんごっこをすれば子どもは喜ぶだろうというような一方的な教師の計画で進めたことを思い出しました。それが先手を打てる指導力のある教師のすることだと思っていたからです。でも子どもの心の安定がないままに指導しても本当は受け入れられていなかったのではないかと思うようになっていました。

　苦労に苦労を重ねてやっと人に見せられそうなお団子ができた子どもがうれしくてそばにいた先生に見せたのです。ここではできたという満足感以外何も考えてはいない状態です。にもかかわらず、先の値段のことまで問われてもまったく考えていません。できた喜びは半減どころか居心地の悪さだけが残ったのではないでしょうか。だからいなくなったのだと思います。この子の様子を目で追うと別の子にお団子を

見せていました。そして楽しそうに話をしているのですが私の所へはもう来ませんでした。

　Cはせっかく良くできたと思っているのに難癖をつけられました。子どもが作るものの中には、良くできたと思って持ってきても完璧ではないことがほとんどです。よく見るとどこかに難があります。それを細かく指摘されたらたまったものではありません。さっきよりもずっと、良くできたという喜びは吹き飛んでしまいます。欠陥をなぞられるのは褒めることには通じないと分かりました。

③ 心が安定すると
　また、この事例には続きがあります。Bの子は一時間ぐらいお団子を作っていたかと思います。よほど上手くできたことがうれしかったようで、砂場の縁にたくさん並べています。私は近寄っていきました。少し警戒するように身構えたそぶりに感じました。今度はどんなつまらないことを言うのだろうというような感じです。
私「きれいにならんでいるねえ。このお団子いくら?」
子ども「う〜ん、100円」
私「そう〜、100円。でもこっちの少し端が壊れているのは?」
子ども「……50円」

最初は子どもに逃げられたのに「きれいに並んでいるね」という褒め言葉で入ったので子どもは反応してくれたのだと思います。また充分に満足する出来栄えを身に付けて自信を持ったので、心に安定感が生まれ教師を受け入れたのではないでしょうか。
　私は、
• 小学校でも生活科のように活動中心の時は子どもが自ら考えてじっくりと活動に取り組もうとするまで待たなければいけない
• 心の安定は、充分満足して活動に自信が出てきたときに生まれるもの。一度くらい『まぐれ』でできただけでは自信にまではなっていないのではないか。子どもが一見同じことを繰り返していてもゆったりと見守る時間をとることが大事
• 教師からの指示で活動が進められるのではなく、自分で新しい課題を見つけていくという連続的な活動のためには、自信によって生まれるゆとりの心が大切。指示待ち症候群と言われる子が増えているのでこういう学びのプロセスを研究していこう

　ということを実感したのでした。子どもは何かできると褒めてもらいたくてよく見せに来ます。
　そのようなとき、たとえば団子だったら、「あらおいしそう、

パクパク」と反応する大人がいます。でもそれがおいしそうかどうかは見え透いたお世辞であると子どもは知っているのではないかと思うのです。だったら素直になぞるだけで良いのではないでしょうか。

3. 虐待する親が泣いた
　～交換日記をする教師の努力を支援～

　小学校への入学を目前に控えた2月～3月には、保育園や幼稚園の先生が小学校に来たり、あるいは小学校の先生が出向いたりして引継ぎをします。子どもたちがより良い小学校生活を送ることができるようにという配慮からです。アレルギーやぜんそくで身体に変調がある子については、発作が起きたときの対応なども含めてとくに克明に引き継ぎます。もちろん、あまり詳しく伝えると先入観をもった指導になってしまうこともあるので特別に配慮を必要とすることが中心です。

　ある年の幼稚園からの引き継ぎでのことです。Aくんは、乱暴でトラブルが絶えないこと、身の周りの整頓も自分では上手くできないこと、そのために他の幼児が避けることがありうまく関われないこと、その背景として体に異様な小さな傷があるので父親からの虐待があるか

> らではないかという報告がありました。
> 　小学校での担任は優しくきめ細かなベテランの先生でした。また他の職員全体にもこういう子が入学してくるという情報が共有され、当面は乱暴をしているところなどを見た教師は叱る前に充分に話を聞いてあげようと共通理解を持ちました。その一方で担任は状況をできるだけ詳しく職員全員に伝え、その時点で考えられる方法について全職員で考えていけるようにしようということになりました。

① 実際の様子を見てみると

　入学後の様子が担任から報告されました。

● たしかに生活習慣はメチャクチャで、集団での行動ははみ出すことが多いこと

● 自分の持ち物であっても片づけず、全て教師や近くの児童がやってあげているということ

● しかしやってもらっても当然という態度で「ありがとう」を言うことがないこと

　などの報告がありました。また体に異様な傷があるので「どうしたの?」とそれとなく聞いても曖昧な返事で隠して言わないという報告もありました。この報告を聞いた後の教師の

話し合いでは、「虐待防止法で報告の義務があるが、どうしたらよいか」という話になり、疑わしきは報告をするということになってはいるが情報が少なすぎるのでもう少し時間をかけて証拠を見つけたらどうかということになりました。

② 相談を受けての対応

　私は担任から相談を受けて一緒にこの問題に取り組んでいくことになり、まず保護者と話し合うということにしました。幼稚園でも同様のことはおこなっていましたがその場に父親が出てきたことはなかったということだったので、今回はなんとかして父親も呼ぶことにしたのです。幼稚園時代は、勤務を理由に父親は出てこなかったので一回目は土曜日に話し合いをしました。日程の調整に当たっては、当初は「その土曜はダメ。この日曜日はダメ」と逃げていたのですが「平日の夜でもいいですよ。お父さんの都合が付くときにこちらは合わせますから」と、全面的に父親の都合優先というようにしたことで観念したのか、ある土曜日を指定したのでした。これまでも幼稚園から呼び出しを受けて悪いことを言われて『悪い子の親』のレッテルを貼られ続けてきたわけですから、どうせ今回も学校へ行ったところで文句を言われるだけと警戒感があったことと思います。また、だんだん子どもが成長

するにつれて自分もどうしていいか分からないで困っていたのかもしれません。だからといって学校と話し合いをしたところで解決策が出てくるのかどうか、また子育てを妻に任せて自分は逃避しており、子育ての責任を問われたときに逃げ道がないので参加したくなかったのではないかと思われます。

　話し合いは、父親の予想から大きく外れるものとなりました。事前の私と担任との作戦会議で、
- 子どものダメな部分はたくさんあるが、一切言わないようにしよう
- この数日の間だけでも変化があったこと（一回はできて、次はまた元に戻ってしまったことであっても）を徹底的に評価しよう
- そうして、そのわずかな変化も本人の努力があればこそであること。だから潜在的な能力がありそうな子であると評価しよう
- また、そのような変化を支えたのは親の努力もあるとして親を評価するようにしよう

　と決めていました。

　担任は、目に付いてしまう大変なことは山ほどあるのによかったことの話を具体的に「いつ」「どんな場で」「どんなこ

とを」するようになったかということを正確にメモしていました。話し合いが始まってからというもの、いつになっても『子どもの悪い面』や『親の責任』という話が出てこないので保護者は狐につままれたような顔をしています。初めのうちこそそのうち注意されるだろうと警戒感を持っていましたが、次第に私たちと一緒にお子さんの良い面を話すようにまでなってきました。

　そうして約束の時間が来て「では終わりましょう」というときになって担任から、

「こんなにいいことがいろいろと出てくるようになったので、その日のうちにすぐに知らせたいと思います。それを連絡帳に書きますのでご覧になってください。見た後は返事を書こうとすると大変になりますから、見たというしるしに印鑑かサインだけつけてお子さんに渡してください」

　という今後の約束をしました。終わりにしようという気配であったのと特別に大変なことをするのではないということから、保護者は気に留めるふうでもなく「分かりました」と言って席を立ちました。

　父親も参加した初めての話し合いは、普通ならば緊張するものですが事前に作戦を練っていたことと私が同席したこととが相まって、担任も緊張することなく、

「ホッとしました。つなぎができましたね」
と胸をなでおろして終わりました。

③ 担任の努力が続いて

　入学したてのたくさんの児童がいる時期は、ただでさえ一年生担任の労力は大変なものがあります。そこへさらに特別に配慮する子への対応が重なります。でも最初の対応を誤ると保護者の不信感ができてしまうので、担任は一生懸命に取り組みました。

　連絡ノートは、事実を書くだけと言いながらその書き振りにも細かい配慮をしました。それに対して保護者からは最初は本当に印鑑だけだったのですが、そのうちに「ありがとうございます」とか「私もがんばります」という程度の文章が加わりました。さらにそれだけでは気が引けたのか、また実際に家庭での子どもの姿が変わってきたのか「家では私がお使いに行っている間に下の子の面倒をみてくれました」とか「家の仕事を手伝ってくれました」などということが書かれるようになってきました。

④ 他の保護者への対応

　どの親も入学してすぐは、子どもたちの様子が気になるも

第四章　担任以外の学級で どう関わるか

のでしょう。そこで一学期の早い時期に授業参観日を設けて子どもたちの様子を見てもらうことにしました。授業を見た後は担任と保護者とで懇談会をします。この時期に疑問点がある保護者が担任に質問をして解消しておけば信頼感を損ねず、楽しい一年間を過ごすための基盤を培うことができます。たいていの場合、保護者が疑問に感じることの多くは子どもが家庭で説明する言葉が稚拙で、きちんと事実を伝えられていないことによる誤解から来ています。何でもはっきりさせておくことで誤解を早めに解消するとともに、楽しんで学校へ通っているという子どもの姿を通して保護者と担任は信頼感を増します。

　この懇談会のときに、特にこの学級の場合は事情を知らない他の幼稚園や保育園から入学してきた保護者からのAくんに対する苦情も届いていました。そうして保護者の中にくすぶっているだろうと想定できたAくんの暴力とそれに対する対応への不満に対して、きちんとした説明をすべきであると感じました。

　そこで副担任として私も同席して、これから一年間どのように対応していくかという方針を説明するとともに保護者はどう取り組んだらいいかということまで説明したのでした。Aくんの親も悩んでいること、でも努力をしていること、い

たずらに子どもに不安感を与えるようなことをせずにもう少し我慢をして見守って欲しいことなどをお願いしたのでした。すると幼稚園から一緒だった保護者が真っ先に口を開き、
「前はもっと乱暴で、うちの子もいじめられたこともありました。でも今はすごく落ち着いてきていると思います。だから保護者ももう少し見守ったらどうでしょうか」
という発言がありました。最悪の場合は苦情が噴出するかもしれないと覚悟をしていたにもかかわらず、こうしてひとまず排斥するような形にならないように学校や担任の努力を見守りながら、保護者同士が協力してAくんを見守ろうという意思を共有することができたのでした。

⑤ 虐待は、どうなったのでしょうか 〜母親の告白から〜

学校としては虐待があるかどうかについてはずっと気にしながらも、保護者とは話題にしてきませんでした。デリケートな問題なのでその話題が出ることを恐れているかもしれませんし、そうなることによってせっかく良い関係になりかかっているものが元に戻ってしまうことを心配したからでした。

入学後の健康診断で裸になるときは、担当医に「体に不審な傷がないかどうか気を付けて見てください」とそれとなく

第四章　担任以外の学級でどう関わるか

話して胸囲測定で職員が慎重に観察しました。普通だったら付かないような傷は確かにありました。Ａくんには「こんなところに傷があるけどあわてん坊なのかなあ。どうしたの?」などと聞いてみても曖昧にしか言わないのです。父親をかばってウソを言っているということが読み取れました。そこでもう少し時間をかけて観察しようということになりました。

　でも、もうすぐ夏休みを迎えるというときの母親と担任との個人面談で今度は母親から告白があったのです。担任からの報告によると、「今は、天国なんです」と口火が切られたそうです。

「幼稚園の頃は毎日が針のむしろでした。他の保護者からはＡが乱暴をしたということやいじめたことでいつも家に押しかけてこられたり白い目で見られたりしました。先生からも家庭でもっとしっかりしつけて欲しいと言われました。そのことを一度だけ主人に言ったら『お前のしつけが悪いからだ』と暴力を振るわれました。主人は子どもにまで暴力を振るいました。私が我慢すれば子どもには危害が少ないだろうと黙って耐えていたのですが、子どもにまで当たって……しかもそれが毎日のように続いたんです」

　と、これまでたまっていたことを吐き出すように一気にま

くしたてました。それでもまだ足りないらしく、担任が相槌の言葉に詰まっていると一息ついた後にさらに続けて、
「意見が違うことがあって『私はそうじゃなくて』と言いかけると『俺の言うことに文句を言うのか』と言われていつもよりも強く暴力を振るわれました。それからというもの、何があっても言い返せませんでした」
と目に涙を浮かべることもなく淡々と言い続けました。そして、
「でも、この頃ではウソのように一緒に子どものことで話し合いができているんです。本当に天国です」
と繰り返したのでした。
報告を受けた私は「Aくんの以前の傷は確かに父親からの暴力で付いたのだろう。でも可愛いがることの表現方法が間違っていたからであって虐待とは言えないだろう。まして今は良くなりかかっているようだからここは虐待で報告することは控えておこう」という結論を下しました。

⑥ 母親がPTA役員に立候補

翌年、Aくんは担任もそのままでクラス替えもなく同じ仲間たちと2年生になりました。ノートの文字が上手でなかったり、身の回りの片づけで当番から注意を受けたりすること

第四章　担任以外の学級でどう関わるか

もまだたまにありますが、以前よりずっとしっかりしてきました。グループを作るときも「Aくん、うちのグループに来いよ」と誘われたり、仲の良い友達もできて休み時間に一緒に遊んだりすることも増えてきました。

　4月のある日に学級PTA会があり、新年度の役員を決めることになりました。すると、なんとAくんのお母さんが役員に立候補をしたのでした。その理由は、
「うちの子のことで皆さんにずいぶんご迷惑をかけました。でも文句も言わずに皆さんは温かく支えてくださいました。迷惑をかけたりお世話になったりした分を今度はお返しする番だと思うんです。どれだけのことができるか分かりませんが、精一杯がんばりたいと思います」

　といういわば立候補宣言で、その心情が他の保護者にもよく伝わりました。

　そうして担任も保護者も「もっと楽しくて良い学級にするように保護者もがんばりましょう」とまるでエールを交わすように、新しい一年がスタートしたのでした。担任は1年間の苦労が報われたという満足感に浸りながら「PTAは大人が成長しあう場でもあるんですね」と改めて実感していたようです。私も担任を補佐するときの『出過ぎない出方』について学ぶことができました。

column

掃除の時間は担任外の出番

　少人数指導でのチームティーチングや専科教員、その他学校には担任を持たない立場の教員がいろいろと配置されています。でも担任でないと授業以外で子どもたちと触れ合うことができるチャンスには限りがあります。授業では見せない子どもの本当の姿を知ることができると、授業でも子どもの心の奥底に食い込んで深く関わることができるのですが、機会はそれほど多くありません。

　その数少ないチャンスの一つに掃除の時間があります。一つの学級が受け持つ掃除場所は学年が上になるにつれて多くなり、担任では全部を見回りきれなくなってきます。私は監督場所が特に決められてなかったときに、全校を見て回りながら良いところを褒めて子どもと交流を持つ機会としました。また、そのことを通して担任とのコミュニケーションにもつながるようにしていきました。はじめのうちは、

　「〇〇先生。先生の学級のBくんは、力を入れて階段の隅々までしっかりと拭き掃除をしていましたよ。良い子ですねえ」とか「クラスでもきちんとしている子なので

はないでしょうか」などと言っていました。でも、これでは言葉ですから形に残りません。またその先生がBくんのことを学級で褒めてくれるかどうかも分かりません。何よりもそれをわざわざ担任に言いに行く時間はほとんどありませんでした。そこで、私は印刷室にある反故紙を適当なサイズに切って数多く持ち歩き、よい掃除をしている子を見つけるとその裏に褒め言葉を書くようにしました。例えば、「4年3組Mくん。廊下掃除で丁寧に掃いていました。宮﨑先生より」というだけです。そして、「これを先生に見せなさい」と付け加えました。その子は教室へ帰った後に担任に見せて「よかったねえ。がんばったことが認められたね」と褒められていたようです。

　そうすると授業でサポートに入るときには、子どもの方から「この間は掃除で褒めてくれてありがとうございました」と言ってくることもあって、授業でも打ち解けてサポートできるようになり、それが担任が良い授業をするベースになることもありました。

　担任によってはその紙を家に持っていかせて家族に見せさせていたようです。すると保護者が学校へ来たときに「宮﨑先生は掃除の時間にも褒めてくれているんです

ねえ」と声をかけてくれました。こういうことを一年間続けると「ちりも積もれば山となる」のことわざのように子どもと接する機会は相当な数になりました。

　担任をしていないと本来保護者と接する機会はほとんどありませんから、子どもの良さを通して触れ合うように心がければきっかけづくりとしては有効なように思います。担任をしていないから無理だと決めつけるのではなく、その気になればチャンスは意外とあるのではないかと思うのです。

　何日かすると低学年の子などは私の姿を見つけるととたんにしっかりとやり出す子もいましたが、それはそれでいいと思っていました。冷めている子よりも好意的に見てくれる人への期待に応えようと良い子を演じてもいいのではないでしょうか。

第五章
私が目指した教師像

1. 新卒時代の苦しみから
　抜け出ることができた先輩の指導

① とにかく席につかせよう

　私は2年生の担任から教員人生をスタートしました。でも念願の教師になったのに指導力のない教師でした。授業開始のチャイムが鳴れば席に着くと思っていたのですが、まだ教室内を走り回っている複数の子どもがいました。私は2年生になったばかりの子に大きな声で「席に着きなさい」と何度も言います。しかし声が涸れるほど言っても一向に聞く耳を持たないのです。「こんなはずじゃない」と思いながらもどうしたらよいか分からず、家に帰るとクタクタになっていました。ときには学校に泊まり込んで対策を練りましたが変わ

りません。当時はまだ宿直というのがあったので、夜遅くまで先輩に愚痴をきいてもらっていました。あるとき、
「子どもが私の言うことを聞いてくれないのは、私のことが嫌いだからでしょうか」
と不安になって聞くと、
「そんなことないよ。子どもはみんな自分の先生が一番いいんだよ。『うちの先生が一番いい先生だよ』と兄弟げんかだってするんだから自信を持ってやりなさい」
と言われました。そこで、言うことを聞かない子を叱るのではなく行儀のよい子を認めていこうとする方法を思いついたのです。

赴任した学校は、当時としては珍しく5月に運動会を実施していました。担任して日が経たないうちから運動会の練習が始まり、教室での授業も少なくなるので、ますます落ち着かなくなります。そこで、私は「教室の中でも運動会をします。教室ではお行儀がいいと一等賞がとれる『良い子運動会』です」と言いました。そして、黒板の一番上に全員の名前を書いておきチャイムで席に着いていたら名前の下に〇をつけるのです。2年生はまだまだ子どもですから、授業開始のチャイムが鳴ると先生に見てもらおうとして良い姿勢で前を向いています。そうしてほぼ全員が〇をもらえるようになってき

第五章　私が目指した教師像

ました。これでとにかく授業をする体制は作れてきました。そうしてだんだん落ち着いてきたので、発表がよくできたら〇、話をしっかり聞いていたら〇、というように『良い子』の観点も増やしていくようにしたのです。

　とは言ってもこれは大変なことでした。45人ぐらいの子が「早くぼくにも〇をつけてくれないかなあ」とこっちを見ているのです。それを一人ひとり確認して〇を付けているのでなかなか授業が進みません。そこで〇に代わって「正」で印をすることにしたり、席について良い姿勢の子は10人までにしたりというように約束をして進んでいくようにしました。だんだん普通に授業ができるようになり教師の話を聞けるようになって『先生と生徒』という関係ができてきた頃に、「もう席に着くのはできるようになったので良い発表の時だけに〇をあげるようにします」と伝えました。不思議なもので教師との関係ができてきたおかげか、一方的な教師からの変更に対しても「それじゃいやだ」という不満の声は聞かれなかったのです。学級内で困りごとが起きたときにも、私は子どもより一段高いところに立って「先生はね、こう思うんだよ」と堂々と振る舞うことができるようになりました。

② マンモス校で学んだこと

　新卒で赴任した学校は、多い学年は7学級もあるマンモス校でした。この学校では『子どもの学びのリズム』というのを大事にして他の学級への迷惑をかけないことが教師にも子どもにも求められていました。

　あるとき、教室から図書室へ移動しようと、「廊下へ静かに並んで！」と指示を出した時でした。教室を移動するときも学級の全員を並ばせて移動します。静かにさせないと廊下を歩く子どもの声で教室の子たちが授業に集中できないからです。私は全員が揃ったのを確認すると、「では図書室へ向かって出発します」と移動し始めようとしました。すると隣の学級を担当する先輩のA先生が出てきて、「ちょっと待った」と、私の学級なのに声を掛けました。『どの子も全職員で育てよう』という合言葉がありましたので学級担任以外でも指導するのが当たり前でした。
「今、先生から静かに並んでと言われたのに廊下で話していた人がいたね。隣のクラスにいたA先生にも聞こえたよ。自分はしゃべってしまったという人は教室へ入ってやり直しをしてきてごらん」
　と続けました。そして教室へ戻ろうとする子どもに向かって、今度は、

第五章　私が目指した教師像

「えらい。正直だね。失敗は誰でもするものだけど失敗した後に正直に直そうとしたことはとても良いことだよ」

と子どもに向かって言いました。その日の放課後にA先輩は、

「教師が『静かに』と言っておきながら静かにしなかった子をそのままにしておくと静かに並んだ子はどう思うかな。先生の言葉を聞いても聞かなくても同じなんだと思って、やがて教師の言葉を大事にしないようになると思うよ」

と指導してくれました。

またグラウンドで体育の授業をしているときに子どもたちを集めて技のポイントを話していた授業について、その日の放課後にB先輩が教室へ来て、

「宮﨑先生、今日の体育で子どもを集めて指導した時に太陽はどこにあったかい？」

と聞いてきました。そのようなことは全く意識していませんでした。

「先生の後ろに太陽はあったよね。ということは、子どもたちは先生の方を見ながら話を聞くときにまぶしくて目を開けていられないことになるよね」

と続けました。「そうか」と私は思いました。B先輩にお礼を言って次からの指導に生かしました。私が太陽の方を向

き子どもたちは背中から陽を受けるようにすれば子どもはまぶしくないので私の方を向いて話を聞くことができます。ちなみに冬の風が強い日などはほこりがたつことがあります。風の向きによって目を開けられないこともあります。その時はどちらから吹いてくるか向きを考慮して子どもを集合させるなどして応用しました。

　一年目からこのような先輩の指導を受けていたため、教師としての行動や言葉を吟味するという習慣が知らず知らずのうちに身に付きました。新卒採用のときに厳しい学校に赴任できて教育のイロハを身近で教えていただける環境だったことは、本当に運が良かったと思わずにはいられません。『子どもがトクをすることになるのだから』と私は厳しい指導も気になりませんでした。でも、この学校は子どもに力を付けることを徹底していたので、そこに流れる経営思想を理解できずにいた教師の中には厳しすぎると感じた人も少なくなかったようです。

2. 転勤先で知った私を変えた教育について

　初任の小学校で7年間奉職した後に隣の学校に転勤しました。ここも子どもを大事にするという考えは同じでしたが、

第五章　私が目指した教師像

その方法は全く違う学校でした。初任の学校は『子どもをどう指導するか』といういわば上からの方法獲得に厳しかったのに対して、今度の学校は『子どもの実態はどうであるか。だったらそれに合わせてどう指導していくか』という下からの指導力に重点が置かれていました。つまり子ども目線で指導力を身に付けるようにする学校で、教員間でもいつも『子どもはどうなんだろう』と考え合うのが当たり前になっていました。これから実施する授業を想定して案を作ると、私の投げかけへの子どもの反応に対して、特に厳しく指摘を受けました。私の想定は表面的であったり、子どもに言って欲しい願いが書かれていたりしたのです。そんなときには、
「子どもってそんなこと言うかしら」
「それじゃ、子どもは手を挙げないよ。私だったら、例えば……」

というように指導を受けたことがありました。また日常的にも、
「子どもが自分で分かっていくようにするのが、力が付くってことだよ。これじゃ先生に教え込まれているじゃないか」
と言われるなど、例を挙げれば枚挙にいとまがないほど子どもの実態に応じた指導の在り方を教えてもらいました。私の教員人生を変えた学校と言っていいと思います。

ある時、授業の検討会をしていると、
「なぜ、この授業をするの?」
　と聞かれたことがありました。そんなことを聞かれたことはありませんでしたが、答えは決まっています。「学習指導要領にあるし、教科書にも載っているからです」と平然と答えました。すると間髪を入れずに、
「ほー。ということは文部省(当時)の奴隷と同じじゃないか」
　と言われました。それは聞いたことも考えたこともなかった言葉でした。その先輩は、
「この教材は、この学年のこの子らにとって本当に必要だということをどれだけ分かって指導しているかい。子どもの実態やこの教材で身に付くと思われることを想定して授業に臨む能力が自分のものになっていないと、誰かがやったことを真似するだけになっちゃうよ。教育には自由があるんだ。創造的な授業を考えれば授業を通した教師の自己実現になるし、本物の授業になると思うよ」
　と付け加えてくれたのでした。若い教師時代に日常の中でこうして鍛えられ、本当に先輩と同僚に恵まれたとしか言いようがない良い環境で教員生活を送ることができました。
　人生、誰と出会うかが大きく影響すると考えています。その人の人生が決まると言っても過言ではないでしょう。にも

かかわらず、今、人と出会っても語り合うのを億劫がる人が多い傾向があるのは自分の人生を狭めることになるのではないでしょうか。もったいないことです。喋って指導されたり怒られたりという刺激を受ける機会を大いに活用すべきです。私は人が好きなのでしょうか、すぐに近寄っていきます。皆、何かしらの刺激を与えてくれるということを分かっているからです。年齢に関係なく後輩であっても私の知らないことやできないことをどの人も持っているのです。そしてそんな私の強みは、人から学ぶのを喜びと感じられることではないでしょうか。

3. これから教師を目指す人・現在教師をしている人に

① 指導に失敗はない

　子どもたち全員が必ずとび箱を跳べるようにする方法を提案した先生の実践が、全国的に話題になったことがありました。その方法自体は立派な実践例です。しかし、跳べるようにすることができなくて「がんばれ」としか言えなかった若い頃の私の実践が失敗だったのかというと、それはそれで一つの成功事例になるかもしれないというのが教育のおもしろさだろうと思います。

なぜ成功と言えるのか。例えば、先生の指導では跳べるようにできなかった子が、自分の力だけでいろいろと工夫して最後は跳べるようになったとします。この子は「粘り強く努力すればできるようになる」ということを学んで『我慢強い精神力がついた』と言えるでしょう。そしてそのがんばる精神力が勉強面に良い作用をして勉強好きになることもあるかもしれません。こういう点では、教えてもらってできた子も立派ですが、教えてもらってできなかった子にはそれ以上に教育効果があったという評価をすることができるように思います。

　とび箱を跳ぶという目の前の内容以外で人格が育つこともあるのです。極端な例かもしれませんし、そんなにうまくいくことばかりではなく挫折してしまって体育が嫌いになることもあるでしょう。でもこの時点ではどっちが良かったのかを即断しきれないのが教育なのです。

　今、教育が難しいと言われます。でも私の経験では楽しい日々でした。なぜ、今は難しいのでしょう。時代は変わっても、教育の本質まで変わったとは思いたくありません。「どうすれば楽しい授業になるだろうか」と工夫していけば子どもはついてきます。それは私にとっても楽しいことでした。だから教師は辞められなかったのです。

自慢になりそうでイヤでしたが、ありのままを書きました。時代背景が違うことも多いですが、考え方などで今も活かせることがあるのではないでしょうか。子ども中心の活動をすれば教師ほど楽しい職業はないという視点から書いた私の経験と考えです。ぜひ教師になってください。夢をあきらめないでください。

② 教師は最高 〜新しいことにチャレンジしよう〜

　教育改革の名のもとに国から新しい教育の内容が示されますが、そういった教育の変遷は、国が決めたから始まるのではないと思っています。

　実はもっとずっと前から、一人の教師の実践に端を発しているのです。子どもに力を付けたいという熱い思いから教材を研究したり方法を検討したりする教師の実践が、多くの人にも認められて国が認知して取り入れていくことが往々にしてあります。良いことはどこかで誰かがおこなっていたことが出発点なのです。つまり教育改革はトップダウンではなく、ボトムアップで始まっていると言っても過言ではありません。

　でも新しい実践は最初は受け入れられないことが多く、「時期尚早だ」とか「変わり者の独りよがりだ」と言われたり、

時には学習指導要領にないのに何をやっているのだと強く指摘されたりして日の目を見ないことも少なくありません。しかし運よく認めてくれる人に恵まれると、やがては国の文部行政から『新しい教育』として発表されて全国で実践されるようになります。別に国の施策に取り入れてもらおうなんて考える必要はありませんが、結果としてそうなることもあるものも万に一つくらいはあるかもしれません。目の前の子どもの姿から『こうしたらもっと良いのではないか』と考える姿勢を常に持ち、これまでは誰もやっていないことであっても果敢に挑戦するという意欲に満ちた日々を送って欲しいと思います。なにしろ教員にはそういう自由が保障されているのです。教師という職を通して、人間としての自己実現につながるような実践をしていただきたいものです。

おわりに

　ここまで、私の実践の一部を紹介してきましたが、子ども時代の人前で話せずに楽しい学校生活を送れなかったという経験から、教師になった後は、とにかく子どもが楽しい学校生活を送れるようにしたいという思いで励んできたつもりです。「こうすれば子どもにとっていいのではないか」という思いだけで突き進んだ教員人生は、子どもには喜ばれたことが多く、別にそれを期待していたわけではないのですが努力した分は報われたことが多かったと感じています。何よりも私自身の自己実現ができて自分を出し切ったという満足感があるのが嬉しいことです。

　卒業して20年ぐらい後に開かれたクラス会で、Kくんは「宮﨑先生は、全員を何かしらで一番にしようとしたんだよなあ。いいところを探して」と語ってくれました。もちろん全員が何かしらで一番になるなんていうことは不可能に近いのですが、その子の持っている特徴を存分に発揮できるようにすれば『この子のここはすごい』というものを身に付けることができて個性になることができます。Kくんの発言は、

社会に出ていろいろと揉まれながら成長し、冷静に自分の子ども時代を振り返って感じたことなのでしょう。教師の影響力は大きいものがあり、うれしいとともに恐ろしくもなります。その個性の伸長が学級担任をしていればできるのです。だから「先生を希望する人が少なくなっている」という話を耳にしたときは本当に驚きました。私は教師を退職して20年近くなる今でも、たくさんの教え子や保護者の方と直接会ったりメールで交流したりしています。時々は当時の授業の話さえ出ることもあって、今でもとても楽しい時間を過ごせています。

　私の実践を世に出すことによって、「先生になってみたい」と思ったことのある人に教師のおもしろさを伝えることができたなら、志す人も増えるのではないだろうかと考えました。

　私は実に豊かな人生を過ごしてきたと思っています。貧しさも経験したし、いじめにも遭いました。つらい練習に耐え夢中で競争したこともあったし、睡眠時間を惜しんで学んだこともありました。先輩の厳しい指導を受けたり大失敗したこともありました。こういう経験はしないで済むならその方がよいこともあるでしょうが、今の社会や教育は、大事にされているようでいて結局軟弱な人間を育てているだけのよう

な気がしてなりません。昔に比べればモノは豊かになり、自分の自由にできる時間もたくさんあります。でもそれが自分を強く育てることに結び付いているかというと疑問です。そういう軟弱な人ではいい社会をつくることなどできるはずがありません。だから教育の責任が重いのです。多様な経験を積み重ねた豊かな人に、教育を担っていただきたいと思っています。

　避けたいことであっても遭遇してしまうことはあります。それを、「貴重な経験になった」と前向きにとらえて人生の豊かさにつなげていくようにすることが大事なのではないかと考えます。私は、これらの経験のおかげですごく豊かな人生を送ることができました。その時は失敗だと思っても、人生にとってのマイナスなんて一つもないのです。人の豊かさとはそういうことをいうのではないでしょうか。「環境は人をつくる」と言われます。私は持っていた能力以上のことまで身に付けることができたのではないかと実感しているのですが、全ては周りの人のおかげだったと感謝しています。そういう経験を通して『人生は積み重ねたものが出てくる。積み重ねてこなかったものが出てくることはない』としみじみ感じています。このような考えを「時代錯誤だ」とか「今は違う」と簡単に片づけてしまってよいのでしょうか。

最近は保護者との関わり方が難しくて先生をあきらめる人も少なくないと聞きます。実は私にも、苦手な保護者やいやな先輩がいました。でも避けていても解決しないと考えて、相手の言っていることが正しければ意見を聞くようにしました。それは全て『子どもがトクをする』ことにつながるからです。初めから先生との関係を悪くしようなんて考えている保護者は一人もいません。子どもの環境を少しでも良くしようと思っています。そして、先生も自分の力を発揮して子どもに楽しい学校生活を送って欲しいと思っている人ばかりです。同じ方向を向いている大人同士なのに何故うまくいかないのでしょう。ボタンの掛け違いさえ直せばよい方向に行くに決まっています。

　保護者が教育に口出しすることに壁を作り、ましてや保護者でもない地域の人が学校に入って教育に関わるなどはもってのほかと当然のように考えられていた時代が長く続きました。そして、校内暴力や不登校、いじめなどが社会問題化し、様々な不幸が子どもたちに降りかかってきました。その結果、子どもの中には人との関わりをうっとうしく感じて、一人でいた方がいいと言う人が増えているようです。「人という字

は人と人が支え合っている様子を文字にしたものである」ということは、今や小学生でさえ授業でその成り立ちを習っています。もし成長過程で人との関わりの楽しさを知ることができていれば、人嫌いになったり一人でいたりすることを選ばなかったかもしれません。子どもは皆、知識欲や好奇心が旺盛です。それを友だちと授業を通して獲得し、満足できれば、人嫌いになることもないのではないでしょうか。もちろん、それでも一人でいたいという子もいるかもしれません。でも、関わり合うことの楽しさを経験させるための努力はすべきではないかと思います。

　詳細は省きますが、私は校長時代に学社融合という抜本的な方策を打ち出し、文部行政の政策まで転換させるきっかけをつくりました。このことは特に『多様性の尊重』という面で大きな意味を持ち、全国的に推進が図られています。私はその実践の足跡を『学校も地域も開くコミュニティスクール』と題して上梓しました（巻末参照）。多様な世界で生きていくこれからの子どもたちは、やはり多様な人の中で育てられるべきだろうと強く考え、それには多様な人と関わる学校生活でこそ、多様な個性を尊重できる人として育つことができるのだろうと思ったからです。

教育には様々な課題が山積しています。でも、それを危機ととらえて対応しようとしている教育関係者がどれだけいるでしょうか。また社会問題ととらえて敢然と立ち向かっている人がどれだけいるでしょうか。教育に大きな課題がある今だからこそ、大胆な提案が必要なのではないでしょうか。

　そのようなことを考えていた時に「自分史を書くつもりで、これまで実践したことを書いたらどうだろうか」と思いつきました。たくさんの失敗をした私が本を書くなんておこがましいし、ましてや成功体験のごとく書くなんて白々しいのではないかとも悩みました。

　本当に多くの失敗をしました。指導力もないのに情熱だけで進んだ若い頃、そしてちょっと指導を学んだらすぐに小手先で子どもに向かった若年期。先輩と言われるようになると、教育はともに学び合うことなのにもっともらしく上から目線で後輩に対したこともありました。そういう点では私はいつもブレていたように思います。一貫せず迷ってばかりでした。そんな教師でしたが、幸せな教師生活だったとは声を大にして言えます。だから、教師になる人が減っているということを知り、何かできないかと思いこのように出版することにしたのです。

おわりに

　本当に楽しい教員生活だったと思っていたのでスラスラと書き進めることができました。その時の子どもたちの顔もはっきりと浮かんでくるから不思議でした。こんな楽しい実践の陰にはたくさんの先輩の存在がありました。ですからこの本は、これからの人に教員になって欲しいという思いとともにお世話になった私の周りの方への恩返し的な意味も込めて書きました。それが教育変革の一助になれたらこの上ない喜びです。

　どうぞ手に取っていただいた方からのご意見もお待ちしています。

〈著者紹介〉
宮﨑稔（みやざき みのる）

昭和21年　埼玉県に生まれる
　　44年　埼玉大学教育学部卒業
　　　　　千葉県八千代市・習志野市で教師・指導主事・教頭・校長・幼稚園長・教育センター所長を歴任
平成9年　研究論文　『学校と地域のかろやかな連携』にて、読売教育賞「地域社会教育部門・最優秀賞」受賞
　　　　　学校と地域の融合教育研究会を発足、会長就任
　　19年　千葉県教員を退職後、大妻女子大学非常勤講師
　　20年　島根県隠岐郡海士町中央公民館長、学校支援地域本部長・指導主事・中央図書館長、島根県総合教育審議会委員
　　25年　国立大学法人　宮城教育大学教育復興支援センター実行委員会委員
　　　　　文部科学省「全国ネットワークフォーラム」実行委員
　　26年　復興庁期間業務職員として2年間女川町派遣（復興支援専門員）
　　　　　※この間、約20年間にわたり全国各地で「学社融合」についての講演活動、テレビ・ラジオ出演

主な現職・元職
・学校と地域の融合教育研究会会長
・元・外務省「教育国際大会」日本代表
・元・文部科学省「全国体験活動推進アドバイザー」
・元・建設省「安全なまちづくり」資料作成委員
・元・経済同友会「学校と企業・経営者の交流活動推進委員会」アドバイザー
・元・千葉県福祉教育推進委員
・元・日本初等理科教育研究会副理事長
・元・ESD（国連持続可能な開発のための教育の10年）理事

主な著書・論文
・「学校も地域もひらくコミュニティ・スクール」（農文協、令和2年）
・「理科教育」についての実践論文多数。共著も含め、国土社、学習研究社、第一法規、初教出版等から出版。
・「地域との融合」について、社会教育雑誌や生涯学習冊子等に、数多くの研究発表。

だから教師はおもしろい
～子どもたちの未来を育て、一緒に成長する唯一無二の職業～

2024年11月15日　第1刷発行

著　者　　宮﨑　稔
発行人　　久保田貴幸

発行元　　株式会社 幻冬舎メディアコンサルティング
　　　　　〒151-0051　東京都渋谷区千駄ヶ谷4-9-7
　　　　　電話　03-5411-6440（編集）

発売元　　株式会社 幻冬舎
　　　　　〒151-0051　東京都渋谷区千駄ヶ谷4-9-7
　　　　　電話　03-5411-6222（営業）

印刷・製本　中央精版印刷株式会社
装　丁　　弓田和則

検印廃止
©MINORU MIYAZAKI, GENTOSHA MEDIA CONSULTING 2024
Printed in Japan
ISBN 978-4-344-94932-4 C0095
幻冬舎メディアコンサルティングＨＰ
https://www.gentosha-mc.com/

※落丁本、乱丁本は購入書店を明記のうえ、小社宛にお送りください。
送料小社負担にてお取替えいたします。
※本書の一部あるいは全部を、著作者の承諾を得ずに無断で複写・複製することは
禁じられています。
定価はカバーに表示してあります。